培训教材类

全国扶贫教育培训教材（第三批）

全国扶贫宣传教育中心　组织编写

社会组织
参与贫困治理的
路径选择

黄承伟 等◎著

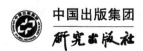

中国出版集团

研究出版社

图书在版编目 (CIP) 数据

社会组织参与贫困治理的路径选择 黄承伟等著
. -- 北京 研究出版社, 2021.5
ISBN 978-7-5199-0943-7

Ⅰ. ①社… Ⅱ. ①黄… Ⅲ. ①社会组织 – 参与管理 –
扶贫 – 研究 – 中国 Ⅳ. ①F1263

中国版本图书馆CIP数据核字(2020)第220059号

社会组织参与贫困治理的路径选择
SHEHUI ZUZHI CANYU PINKUN ZHILI DE LUJING XUANZE

全国扶贫宣传教育中心 组织编写

黄承伟 等◎著

责任编辑：寇颖丹

研究出版社 出版发行

（100011 北京市朝阳区安华里504号A座）

北京建宏印刷有限公司 新华书店经销

2021年5月第1版 2021年5月北京第一次印刷
开本：710毫米×1000毫米 1/16 印张：18.75
字数：225千字

ISBN 978-7-5199-0943-7 定价：66.00元

邮购地址100011 北京市朝阳区安华里504号A座
电话（010）64217619 64217612（发行中心）

本书编写人员

黄承伟 国务院扶贫办中国扶贫发展中心主任、研究员

向家宇 广西壮族自治区河池市国有资本投资集团
战略投资总监

覃志敏 广西大学公共管理学院院长助理、讲师

苏 海 山东女子学院社会与法学院副教授

周 晶 中共湖北省委党校社会与文化教研部讲师

刘 欣 北京市社会科学院社会学所助理研究员

序 言

PREFACE

更加广泛动员社会组织参与脱贫攻坚的政策建议

社会组织是社会扶贫力量的典型代表，也是我国农村扶贫的重要参与主体。社会组织扶贫在我国扶贫开发进程中始终发挥着重要作用。自 20 世纪 80 年代末期以来，各类社会组织深入到基础设施、教育、健康、产业发展、救灾重建、生态环境保护、社区发展等多个领域开展扶贫工作，取得积极成效。据相关统计，《国家八七扶贫攻坚计划》实施以来，社会组织扶贫对我国减贫的贡献率为 20%—35%。

社会组织以其非营利性、非政府性、专业性、志愿性成为应对"政府失灵"和"市场失灵"的有效工具和治理手段。多年实践表明，我国社会组织参与贫困治理体现出以下优势。

一是公益价值取向优势。公益性价值取向使得社会组织参与贫困治理能够进一步发挥其专业性、资源整合、灵活创新等特点，通过倡导行为将自身对贫困治理的重要性、内容和意义向社会进行宣传，对政府扶贫工作起到积极的补充甚至示范作用。

二是灵活性。社会组织扶贫的灵活性体现在：一方面，组织结构灵活多样。与政府和市场组织不同，社会组织的员工数量比较少，并且在组织结构上具有灵活多变的优势，可以根据项目实际需要及时调整人力资源配置。另一方面，贫困干预灵活。社会组织扶贫并不受到科层制中上级部门的贫困干预，能够根据贫困需求变动，在贫困干预前和贫困干预过程中及时调整贫困干预策略，采取更契合实际的贫困干预方案。

三是专业性优势。社会组织的专业优势，体现在社会组织的志愿者资源上。社会组织通过积极吸纳相关行业的志愿者参与扶贫，通过志愿者的专业化操作，实现社会组织扶贫的专业性优势。另外，社会组织扶贫的专业性，还体现在社会组织以其公益价值为行动动力，这使得社会组织在减贫理念、工作投入等方面都表现出色。因而，社会组织能更充分地调动人员中的专业性资源，准确、详细地把握贫困人口需求，有助于促进精准扶贫。

四是可持续性优势。政府组织扶贫更多地将重心放到区域性的扶贫与脱贫上，相对忽视微观层面的差异化个体需求。实施精准扶贫以来，我国推动扶贫资源到村到户，扶贫措施与贫困人口需求相衔接。但政府组织扶贫中个体性、多元化扶贫需求与扶贫措施需覆盖一定规模的贫困人口的矛盾仍没有得到有效解决。尽管扶贫到村到户了，但具体贫困户的差别化需求仍难以得到有效满足。社会组织对扶贫对象覆盖的规模并没有严格要求，而是根据扶贫资源情况以及贫困状况灵活确定。社会组织扶贫更能解决扶贫中政府扶贫存在的具体贫困户需求与扶贫瞄准的偏离问题，比较好地满足具体贫困农户的发展需求，扶贫的可持续性更强。另外，社会组织扶贫注重从能力发展角度采取参与式发展的减贫策略，关注贫困人口的可持续脱贫。

基于上述特点，社会组织成为农村贫困治理的主体之一，始终积极发挥自身的优势，弥补政府和市场扶贫的不足。但是，社会组织扶贫也存在"失灵"。这主要体现在社会组织资金来源的外部依赖性、社会组织行政化、外部制度环境和内部治理结构不完善等，这决定了社会组织在参与农村贫困治理过程中需要不断从内外调试自身的角色定位和功能期待，选择适宜、适时和适度的路径。

当前，我国社会发育仍不成熟、社会舆论环境存在偏差、政府对社会组织管理的制度性规制还有待完善等，一定程度上导致了部分社会组织在参与农村贫困治理过程中，存在行政化、附属化、市场化、简单化等问题。为此，要从外部制度环境和内部治理结构两方面，继续完善社会组织扶贫，更加广泛动员社会组织参与决胜脱贫攻坚，为如期打赢脱贫攻坚战做出贡献。

一是进一步加强培育地方扶贫类社会组织。近年来，我国社会组织数量快速增长，但贫困地区的社会组织数量仍比较少，扶贫类社会组织的能力不足，对本地社会组织参与扶贫工作带来不少制约。建议在完善社会组织管理的基础上，加强培育贫困地区社会组织，增加贫困地区社会组织数量，同时加强监督管理，提升社会组织扶贫质量。

二是深入推进地方政府与社会组织深化扶贫合作。近年来，国家出台了多个社会力量参与扶贫开发的政策文件，也指出了社会组织参与脱贫攻坚的领域，如社会组织参与产业扶贫、教育扶贫、健康扶贫、易地扶贫搬迁、志愿扶贫等多个领域。但社会组织在易地扶贫搬迁、产业扶贫等领域中的参与仍然滞后于教育扶贫、健康扶贫等领域。建议进一步完善社会组织参与易地扶贫搬迁、产业扶贫、就业创业扶贫的相关政策，激励地方政府特别是基层政府在精准扶贫中积极与社会组织特别是地方性社会组织开展扶贫合作。

三是下功夫提升社会组织扶贫能力。我国社会组织类别众多，参与扶贫的能力差异也比较大，特别是一些草根社会组织，在治理结构、财务管理等方面仍然不完善。建议进一步加强社会组织管理，规范社会组织治理结构，进一步完善社会组织参与扶贫的相关法律法规，放松政府对社会组织资源获取和资源使用等方面的限制，给予参与扶贫的社会组织相应的政策和资金的支持，充分发挥其作用。

四是进一步优化社会组织的社会环境。在社会心理层面，大众对社会组织的认同度不高，加之近年来社会组织公益活动中出现的一些问题，进一步降低了人们对社会组织的认同。建议充分发挥政府、社会对社会组织扶贫的监督作用，引导新闻媒体、社会大众共同监督社会组织扶贫活动，促进社会组织参与扶贫的规范化、公开化和透明化，逐步形成以监督促社会组织扶贫发展的社会环境。

五是更加有效加强社会组织扶贫宣传。当前，越来越多的社会组

织参与到了我国减贫事业当中并积累了一定的减贫经验与技术。如中
国扶贫基金会、中国青少年基金会、中国红十字基金会、中国扶贫志
愿服务促进会等已经形成了丰富的可供借鉴与推广的经验。扶贫事业
是各个主体共同参与的大格局，良好的宣传方式能够促进社会各界凝
心聚力，形成合力。建议以社会组织扶贫典型案例和经验为重点，进
一步加大社会组织扶贫宣传力度。充分发挥互联网、自媒体等新媒体
在社会组织扶贫宣传中的作用，实现宣传力度的阶层纵向渗透，产生
更广泛的影响力，形成更为积极的社会组织扶贫氛围。

黄承伟

2018 年 10 月

目 录
CONTENTS

第一章　社会组织参与农村贫困治理的政策演进与成效 / 001

第一节　社会组织参与农村贫困治理的意义与相关概念 / 002

一、研究背景与意义 / 002

二、社会组织相关概念 / 003

第二节　社会组织参与农村贫困治理的政策和特点 / 005

一、国家支持社会组织参与农村贫困治理的政策 / 005

二、社会组织参与农村贫困治理的历程和特点 / 009

第三节　社会组织参与农村贫困治理的领域与成效 / 012

一、基础设施建设扶贫 / 012

二、教育扶贫 / 013

三、健康扶贫 / 014

四、产业扶贫 / 015

五、救灾重建 / 016

六、生态环境扶贫 / 017

七、社区发展扶贫 / 018

第四节　社会组织参与农村贫困治理的优势与局限 / 020

第二章 社会组织参与农村贫困治理的 理论逻辑与实践意义 / 023

第一节 治理转型的理论指向及其在农村贫困治理中的 基本体现 / 024

一、治理转型的核心议题 / 024

二、"农村贫困治理转型"的概念生成 / 027

第二节 社会组织参与农村贫困治理的理论逻辑 / 029

一、以政府为中心的放权改革 / 029

二、以社会组织为载体的扶贫专业化发展 / 031

三、以市场为支撑的公益资源积累 / 034

第三节 社会组织参与农村贫困治理转型的实践意义 / 036

一、为农村贫困治理转型提供路径支持， 形成更合理的贫困治理结构 / 036

二、丰富和发展农村贫困治理的理念， 提升新型贫困治理结构的适应性 / 038

三、促进贫困治理领域的国内外交流， 强化贫困治理结构转型的合理性 / 039

第三章　社会组织参与农村贫困治理的实践历程及其基本特征

——基于国内外比较的研究　/　041

第一节　中国社会组织参与农村贫困治理的历程　/　044

一、社会组织参与贫困治理的

探索时期（1978—1993 年）/　044

二、社会组织参与贫困治理的

发展时期（1994—2000 年）/　048

三、社会组织参与贫困治理的

扩展时期（2001—2010 年）/　051

四、社会组织参与贫困治理的

稳定时期（2011 年至今）/　053

第二节　部分国家社会组织参与农村贫困治理的主要做法　/　054

一、孟加拉国——"小额信贷"模式　/　054

二、印度——"非政府组织推动农村发展"　/　057

三、菲律宾——"政府与 NGO 合作扶贫"　/　060

四、德国——"NGO 防灾减灾应急救助"　/　061

五、日本——"综合性农业协会"发展模式　/　063

六、法国——"非政府组织推动农业旅游"　/　064

第三节　中国社会组织参与农村贫困治理的基本特征　/　066

一、参与形式：由单一主导逐步转向多元共存　/　066

二、目标演进：由物质帮扶逐步转向能力提升　/　067

三、动力变迁：由被动参与转向主动参与　/　068

四、模式变化：由实践探索转向制度推进　/　069

五、机制更新：由项目单行转向合作联动　/　070

第四章　社会组织参与农村贫困治理的主体类型与
运行机制　/　071

第一节　社会组织参与农村扶贫的内容及组织类型　/　072

第二节　社会组织参与农村贫困治理的行动类型及特点　/　075

一、社会团体、民办非企业单位和基金会　/　075

二、官办社会组织、国际社会组织和草根社会组织　/　077

第三节　社会组织参与农村贫困治理的行动机制　/　085

一、社会组织农村贫困治理的资源动员类型　/　085

二、社会组织参与农村贫困治理中资源的传递形式　/　092

三、社会组织农村贫困治理资源的承接路径　/　096

四、小结与展望　/　102

第五章 社会组织参与农村贫困治理中各行动主体间的互动关系 / 107

第一节 社会组织与政府的合作关系 / 109
一、社会组织与政府的合作基础 / 110

二、社会组织与政府的合作过程 / 112

三、社会组织与政府的合作瓶颈 / 117

四、反思 / 119

第二节 社会组织之间的自主型相互依赖关系 / 120
一、社会组织之间自主型的相互依赖 / 120

二、社会组织内部自主型依赖关系的表现形式 / 121

三、社会组织内部自主型依赖关系的反思 / 124

第三节 社会组织与贫困村民的互信关系 / 127
一、社会组织的多元嵌入 / 127

二、贫困村民的主动参与 / 129

三、社会组织与村民互信机制的建构及反思 / 131

第四节 社会组织参与农村贫困治理的互动关系框架 / 134

第六章　社会组织参与农村贫困治理的角色定位　/　139

第一节　社会组织参与农村贫困治理角色定位的理论分析　/　142

一、"国家—社会"关系理论的基本观点　/　142

二、社会力量在中国国家治理中的角色变化　/　147

三、不同扶贫理念下社会组织的角色分析　/　151

第二节　社会组织参与农村贫困治理的制度环境变迁　/　157

一、社会组织参与农村贫困治理的制度化
准备阶段（1978—1988 年）/　157

二、社会组织参与农村贫困治理的制度化
形成阶段（1989—2000 年）/　158

三、社会组织参与农村贫困治理的制度化
完善阶段（2001 年至今）/　159

第三节　社会组织参与农村贫困治理的角色定位　/　163

一、社会扶贫参与主体　/　164

二、政府扶贫参照对象　/　167

三、农村社区综合发展支持者　/　169

四、公益社会组织发展及社会治理推动者　/　172

第七章　社会组织参与农村贫困治理的路径选择　/　**177**

第一节　社会组织参与贫困治理路径研究的理论基础　/　180

一、基于"资源依赖理论"的参与路径　/　180

二、基于"政府职能转移"的贫困治理的路径研究　/　188

三、基于"社会治理"的贫困治理参与路径　/　191

第二节　社会组织参与贫困治理基本实践路径模式　/　194

一、国际社会组织的合作型参与路径　/　196

二、官办社会组织的自上而下型参与路径　/　200

三、草根社会组织的自下而上型参与路径　/　203

第三节　社会组织参与贫困治理路径优化策略　/　207

一、厘清政府与社会组织在贫困治理中的角色界限　/　207

二、突破社会组织制度困境，引导社会组织健康发展　/　209

三、加强社会组织自身建设，提高其组织化程度　/　212

四、促进社会组织与政府部门的公私合作　/　213

五、推动社会组织与市场主体的多元合作　/　214

第八章 结论与建议 / 217

第一节 结 论 / 218

第二节 促进社会组织参与农村贫困治理的政策建议 / 223

一、为社会组织赋权 / 223

二、完善社会组织内部治理 / 226

三、构建社会组织与政府合作治理贫困的体制机制 / 227

四、培育社会支持社会组织和公益慈善的文化氛围 / 229

五、构建农村贫困治理公益慈善闭环系统 / 232

附 录 社会组织参与农村贫困治理的实践案例 / 235

案例一 中国扶贫基金会参与农村贫困治理的案例
——公益同行项目 / 236

一、项目背景 / 236

二、项目思路 / 237

三、具体案例 / 238

四、思考与启示 / 246

案例二　宣明会参与农村贫困治理的案例　/　248

　　一、案例背景　/　248

　　二、宣明会在云南省玉龙县的贫困治理实践　/　250

　　三、案例分析　/　255

　　四、思考与启发　/　257

案例三　绿色流域参与农村贫困治理的案例

　　　　　　——以滇西北波多罗村为例　/　259

　　一、引言　/　259

　　二、波多罗的发展困境　/　261

　　三、绿色流域对波多罗的贫困干预　/　263

　　四、波多罗内源性发展分析　/　266

　　五、思考与启示　/　270

后　记　/　273

第一章

社会组织参与农村贫困
治理的政策演进与成效

第一节 社会组织参与农村贫困治理的
意义与相关概念

一、研究背景与意义

改革开放 40 多年来，中国的扶贫事业取得了巨大的成就。中国扶贫开发经历以区域瞄准为重点的救济式扶贫、以贫困县瞄准为重点的开发式扶贫和以贫困村瞄准为重点的综合性扶贫三个阶段之后，特别是精准扶贫思想提出以来，中国在扶贫攻坚工作上逐年加大重视程度、政策支持、资金投入，扶贫事业成就斐然。官方统计数据表明，按照人均纯收入 2300 元的扶贫标准，中国农村贫困人口从 1978 年的 7.7 亿人减少到 2015 年的 5575 万人。[1] 农村贫困发生率从 2000 年的 10.2% 下降到 2015 年的 5.7%，[2] 2017 年底更是下降到了 3046 万人，贫困发生率降至 3.1%。[3] 在 2017 年，各级财政专项扶贫资金规模超过 1400 亿元，脱贫人口超过 1000 万人，贫困县首次实现数量净减少。

---

[1] 《中国扶贫开发报告（2016）》，《经济学动态》2016 年第 12 期。

[2] 中华人民共和国国家统计局：《中华人民共和国 2015 年国民经济和社会发展统计公报（[1]）》，《人民日报》2016 年 3 月 1 日，第 10 版。

[3] 国家统计局：《中华人民共和国 2017 年国民经济和社会发展统计公报》，2018 年 2 月 28 日，国家统计局网站，http://www.stats.gov.cn/tjsj/zxfb/201802/t20180228_1585631.html。

　　扶贫开发事业是一项重大工程，参与的主体涉及各个层面，社会组织作为社会层面的重要主体，在中国的扶贫开发事业中做出了不容小觑的积极贡献。事实上，中国在改革开放初期就意识到了社会组织在扶贫开发中的积极作用，并成立了中国扶贫基金会、中国人口福利基金会等社会组织。1994 年国务院印发的《国家八七扶贫攻坚计划》首次提出要"充分发挥中国扶贫基金会和其他各类民间扶贫团体的作用"。进入 21 世纪后，随着经济社会的发展，中央政府鼓励和支持社会组织扶贫的文件日益增多、政策日益明朗，社会组织扶贫的发展空间不断拓展。党的十八大以来，以习近平同志为核心的党中央把扶贫开发摆到治国理政的重要位置，提升到事关全面建成小康社会、实现第一个百年奋斗目标的新高度。可见，随着制度环境的不断改善，社会组织参与农村贫困治理的空间也日益扩大。因此，研究社会组织参与农村贫困治理的角色与路径，并从中吸取成功经验、总结不足，对推动社会组织更好地参与脱贫攻坚伟大事业具有积极意义。

二、社会组织相关概念

　　社会组织参与贫困治理是目前扶贫研究中的重要议题，其必要性和重要性大多数研究者已形成共识。

　　社会组织术语在党的十六届六中全会《决定》中被首次使用，"健全社会组织，增强服务社会功能"，党的十七大报告进一步强调，"发挥社会组织在扩大群众参与、反映群众诉求方面的积极作用，增强社会自治功能"。社会组织指的是"政府体系之外具有一定程度公共性质并承担一定社会功能的各种组织制度形式的总称"，"具有非政府性、非营利性、公益性或互益性、志愿性四个方面的基本属性"。[①]社会组织是作为传统非营利性组织、非政府组织、第三部门等概念的统合和超越。本书认为，社会组织是不受政府权力意志和市场营利机制操纵的独立法人团体，是独立于政府和市场之外的各类组织的总称。

[①] 王名：《社会组织论纲》，社会科学文献出版社2013年版。

第二节　社会组织参与农村贫困治理的政策和特点

　　中国贫困治理体系的一个重要特征是政府主导、多方参与的贫困治理格局。大体来说，中国扶贫政策从改革开放至今经历了四个阶段：一是制度性变革推动大规模缓解贫困阶段（1978—1985 年）；二是高速经济增长背景下以区域瞄准为主的开发式扶贫阶段（1986—2000 年）；三是全面建设小康社会进程中的扶贫开发阶段（2001—2012 年）；四是全面建成小康社会进程中的精准扶贫阶段（2013 年至今）。

一、国家支持社会组织参与农村贫困治理的政策

　　社会组织自发展以来，其宗旨和目标就是提供公共服务、促进社会公平，发扬人道主义精神。参与贫困治理是社会组织的重要工作领域，自改革开放以来，中国社会组织就担负着这一重要使命，随着社会组织参与扶贫的活动不断增加、领域不断拓宽，其做法和模式日渐成熟，社会组织参与扶贫的成效也日益突出，逐渐受到政府的支持与重视，在国家层面，关于社会组织参与扶贫的主要政策也不断落实和深化。

　　1986 年 5 月，中国成立了国务院贫困地区经济开发领导小组（1993 年改为国务院扶贫开发领导小组）及其办公室，强化了国家主导

的有组织、有计划、大规模的开发式扶贫。

1989 年 3 月，中国政府为承接国内国际扶贫资源，成立贫困地区发展基金会（后改为中国扶贫基金会），开始了国内社会组织在扶贫领域的探索。

1994 年 4 月，国务院发布《国家八七扶贫攻坚计划》，指出要"充分发挥中国扶贫基金会和其他各类民间扶贫团体的作用"，社会组织扶贫成为中国扶贫开发的重要补充力量被写入官方文件。

1996 年 10 月，中共中央、国务院印发的《关于尽快解决农村贫困人口温饱问题的决定》提出要动员社会力量参与扶贫，消除贫困，既是党和各级政府的任务，也是全社会的共同责任，鼓励民主党派、群众团体、科研院所等民间社会力量帮助贫困地区脱贫致富。

2003 年 10 月，民政部印发《关于加强农村专业经济协会培育发展和登记管理工作的指导意见》的通知，鼓励发展农村专业经济协会，促进农民专业经济组织健康发展，充分发挥农村专业经济协会的作用，加强农村专业经济协会培育发展和登记管理。

2005 年 12 月，劳动和社会保障部、人事部、民政部和财政部联合发出《关于事业单位、民间非营利组织工作人员工伤有关问题的通知》，为社会组织发展提供保障，加强对事业单位、民间非营利组织工伤保险运行情况的监督和管理，确保事业单位、民间非营利组织工伤保险工作的正常开展，维护职工的合法权益，促进社会稳定和发展。

2008 年 12 月，财政部、国家税务总局、民政部发出《关于公益性捐赠税前扣除有关问题的通知》，通过财政手段，促进社会组织参与社会发展和进步的其他社会公共和福利事业。

2011 年 12 月，中共中央、国务院印发《中国农村扶贫开发纲要

（2011—2020 年）》（以下简称《纲要》）。《纲要》指出，"积极鼓励、引导、支持和帮助各类非公有制企业、社会组织承担定点扶贫任务"，"大力倡导企业社会责任，鼓励企业采取多种方式，推进集体经济发展和农民增收。加强规划引导，鼓励社会组织和个人通过多种方式参与扶贫开发"。

2012 年 9 月，民政部印发《关于规范社会团体开展合作活动若干问题的规定》的通知，进一步加强社会团体行为规范，维护社会团体正常活动秩序，规范社会团体开展合作活动，保护社会团体合法权益。

2014 年 1 月，中共中央办公厅、国务院办公厅印发《关于创新机制扎实推进农村扶贫开发工作的意见》，要求：创新社会参与机制；建立和完善广泛动员社会各方面力量参与扶贫开发制度；充分发挥定点扶贫、东西部扶贫协作在社会扶贫中的引领作用；支持各民主党派中央、全国工商联和无党派人士参与扶贫开发工作，鼓励引导各类企业、社会组织和个人以多种形式参与扶贫开发；建立信息交流共享平台，形成有效协调协作和监管机制；全面落实企业扶贫捐赠税前扣除、各类市场主体到贫困地区投资兴业等相关支持政策。

2014 年 12 月，《国务院办公厅关于进一步动员社会各方面力量参与扶贫开发的意见》（以下简称《意见》）为进一步推动社会力量参与扶贫开发提供了详细的意见。《意见》指出：广泛动员全社会力量共同参与扶贫开发，是中国扶贫开发事业的成功经验，是中国特色扶贫开发道路的重要特征。尽管民营企业、社会组织和个人通过多种方式积极参与扶贫开发，社会扶贫日益显示出巨大发展潜力，但还存在着组织动员不够、政策支持不足、体制机制不完善等问题。

2014 年 12 月，国务院发布《关于促进慈善事业健康发展的指导意见》。这份中华人民共和国成立后第一份以中央政府名义出台的关于指导、规范和组织、管理慈善事业发展的文件明确指出，要优先发展"具有扶贫济困功能的各类慈善组织，成为全面建成小康社会的重要力量"。

2015 年 11 月，《中共中央　国务院关于打赢脱贫攻坚战的决定》要求，"鼓励支持民营企业、社会组织、个人参与扶贫开发，实现社会帮扶资源和精准扶贫有效对接""通过政府购买服务等方式，鼓励各类社会组织开展到村到户精准扶贫"。

2016 年 3 月，《中华人民共和国国民经济和社会发展第十三个五年规划纲要》明确指出："鼓励支持民营企业、社会组织、个人参与扶贫开发，引导社会扶贫重心下移，实现社会帮扶资源和精准扶贫有效对接。"

2017 年 6 月，民政部、财政部以及国务院扶贫办联合印发《关于支持社会工作专业力量参与脱贫攻坚的指导意见》，指出：以助力脱贫攻坚为目标，以促进社会工作专业力量发挥作用为核心，按照"党政引导、协同推进，以人为本、精准服务，东西协作、广泛参与，群众主体、助人自助"的总体原则，提出了一系列支持社会工作专业力量参与脱贫攻坚的政策措施，为社会工作专业力量助力脱贫攻坚提供了制度指引。要求支持社会工作专业力量参与脱贫攻坚实践，并明确了参与服务的内容，"参与贫困群体救助帮扶、参与贫困群体脱贫能力建设、促进易地搬迁贫困群众融合适应、参与贫困地区留守儿童关爱保护、针对其他特殊困难人群开展关心服务""支持实施社会工作专业力量参与脱贫攻坚重点项目"。

2017 年 12 月，国务院扶贫开发领导小组发布《关于广泛引导和动员社会组织参与脱贫攻坚的通知》（以下简称《通知》）。《通知》指出：社会组织是中国社会主义现代化建设的重要力量，是动员组织社会力量参与脱贫攻坚的重要载体，参与脱贫攻坚是社会组织的重要责任。国务院扶贫开发领导小组各成员单位、中央国家机关各有关单位、各省（区、市）扶贫开发领导小组要通过思想动员、政策支持、典型宣传等方式，支持引导社会组织积极参与脱贫攻坚，充分发挥它们在产业扶贫、教育扶贫、健康扶贫、志愿扶贫等方面的作用。

上述梳理的政策文件表明，社会组织参与农村贫困治理已经成为中国国家建设总体布局的一部分，上升到顶层设计的层面，社会组织扶贫的政治合法性、行政合法性增强，发展空间和生存资源都得到极大的拓展。

二、社会组织参与农村贫困治理的历程和特点

社会组织参与扶贫的过程与中国扶贫政策密切相关，社会组织参与扶贫的模式也随着中国扶贫政策的变化和时代特征呈现不同的阶段特点。而在学术界，对于社会组织参与扶贫的阶段，众学者莫衷一是，主要有"二段论""三段论""四段论"。张大维从规范化角度将30多年的社会组织扶贫历程分为两个阶段，1984—2000年的自发无序参与阶段和2001年至今的趋于规范化参与阶段。许源源认为1984年以前是萌芽阶段，1984—1994年是兴起阶段，1995年至今是发展阶段。顾永红视1986年为起点，认为1986—1993年是政府主导的第一阶段，1994—2010年是专业社会组织大规模参与的第二阶段，2011—2020年是社会组织扶贫上升到国家战略层面的第三阶段。何道峰认为中国民间公益组织参与扶贫可基本划分为三个阶段，即以动员资源为目标的发轫阶段、以提升项目管理和机构管理水平为目标的改革阶段和在成熟理念指引下的独立自治阶段。赵佳佳将社会组织参

与扶贫分为四个阶段。1978—1993年是以筹集资源为主要任务的起步阶段，该阶段社会组织的主要职能是替政府筹集扶贫资源，承接国外的扶贫项目；1994—2004年是以独立实施项目为主要特征的探索阶段，这一阶段社会组织积极开发扶贫项目；2005—2011年是以多元主体合作为主要特征的创新阶段，社会组织扶贫的主要特点是政府开始探索与社会组织合作扶贫以及社会组织之间的合作，社会组织扶贫方式创新性增强；2012年至今是以制度构建为主要特征的成熟阶段。

总体而言，各学者从不同的角度将社会组织参与扶贫的过程大体上分为三个阶段，即社会组织参与扶贫的起步阶段、社会组织参与扶贫的成熟阶段和社会组织参与扶贫的深化阶段。

第一阶段（1978年到20世纪90年代中期），社会组织参与扶贫是在政府的主导下进行的，这一时期的社会组织大多具有较浓厚的官僚制特点，社会组织扶贫主要运用行政化模式，即在资金募集上，以政府动员或其他行政化方式为主；在援助方式上，以简单的救济式扶贫为主；在与政府的关系上，领导者由政府机构任命，工作人员纳入公务员或事业编制；在组织管理上，组织架构简单，基本与政府机构类同，出现组织外形化。

第二阶段（20世纪90年代中期到21世纪初），这一阶段为规范发展阶段。政府出台了一些对社会组织的管理条例，设置了社会组织的登记机关，加大了对社会组织的规范管理，但随着社会的不断发展，社会组织进入新的发展高潮。社会组织自身的建设有了一定的提高，一部分社会组织更加专注于扶贫领域，运作模式也更高效，参与扶贫的内容和形式更加丰富，社会组织在教育扶贫、健康扶贫、救灾及灾后重建、社区发展扶贫方面均取得骄人的成绩。社会组织以其自身独有的优势和满意的成绩得到了政府的支持与认同。

第三阶段（2006 年至今），这一阶段为深化阶段，社会组织不断加强自身的管理运作，扶贫理念逐渐科学且独立自主。随着 2020 年中国全面建成小康社会目标的逼近，扶贫在国家发展战略中的重要性得到了提高，社会组织参与扶贫也上升到了国家战略层面，重大的国家方针政策明确提出要吸纳社会组织参与扶贫，社会组织扶贫政策引导制度化和常态化。特别是党的十八大以来，强调进一步激发社会组织活力，将更多的公共服务交给社会组织，社会组织扶贫的理念也逐渐成熟，社会组织逐渐成为多元贫困治理中的重要成员。

第三节　社会组织参与农村贫困治理的领域与成效

　　社会组织先进的扶贫理念、灵活的组织运作、新颖的扶贫方式等无可比拟的优势，为社会组织参与贫困治理取得卓越的成效创造了条件。有学者统计认为：《国家八七扶贫攻坚计划》实施以来，中国扶贫的 NGO（非政府组织）和准 NGO 扶贫贡献率为 20%—35%，社会组织在缓解贫困上做出了重要贡献，为中国贫困人口提供了大量的扶贫资源，培养了大批专业扶贫人才，有效弥补了政府的不足，推动了一大批扶贫创新，弘扬了公益慈善的美德。随着社会组织参与扶贫上升到国家战略层面，社会组织将在扶贫开发的舞台上有更好的表现。

　　社会组织参与贫困治理以缓解贫困和促进发展为双重目标，但凡涉及减少贫困人口和提高受助对象能力的活动，社会组织均有所参与，诸如在教育培训、公共卫生、灾后重建、环境保护、社区发展等领域，社会组织都发挥了重要作用。

一、基础设施建设扶贫

　　贫困地区往往存在基础设施建设差、交通不便、缺水缺电等问题，中国少数民族地区、西部农村地区、边疆地区均面临着基础设施建设落后的窘境，所以要缓解贫困地区人口的贫困状况，必须改善贫困地区的生产生活条件。为改善贫困地区基础设施建设，社会组织开展了诸多项目，较为典型的有中国妇女发展基金会实施的"母亲水窖"项目。该项目旨在帮助人们，特别是妇女迅速摆脱因严重缺水带来的贫困和落后。在中国妇联的领导下，中国妇女发展基金会实施了一项计划，即向社会募集善款，为西北缺水地区捐修混凝土构造的水窖，使她们能利用屋面、场院、沟坡等集流设施，有效地蓄积到有限的雨水，以供一年之基本饮用水。"母亲水窖"工程受到了社会各界人士的重视和支持，由于各级领导重视、措施配套、资金到位及时，在各级妇女干部和有关技术指导人员的共同努力下，"母亲水窖"工程很快落到了实处，群众兴建小水窖的积极性也得到充分的调动和发挥。截至 2018 年底，旨在帮助西部贫困干旱地区群众解决饮水安全困难的"母亲水窖"公益项目，共投入建设资金 9.46 亿多元，修建"母亲水窖"13.96 万口，小型集中供水工程 1846 多处，使近 25 个省（区、市）群众受益。[①] 这些项目的实施对于帮助自然条件恶劣、生态环境脆弱的贫困地区中长期处于落后状态的贫困人口改善生存条件，提高其生活质量起到了不可或缺的作用。

二、教育扶贫

教育落后而造成的科学技能素质和思想文化素质低下是贫困的根源之一。因此，摆脱贫困必须加强教育培训，促进贫困地区教育水平和文化水平的发展。社会组织开展的有代表性的教育培训项目计划主要有"希望工程""春蕾计划""爱心包裹项目"等。"希望工程"是团中央、中国青少年发展基金会于 1989 年 10 月发起的，以救助贫困地

---

① "母亲水窖工程"，http:www.mothercellar.cn/html/foder/145052.htm。

区失学少年儿童为目的的一项公益事业。旨在资助贫困地区的失学儿童继续完成学业、改善贫困地区的办学条件，以促进贫困地区基础教育事业的发展。截至 2019 年 9 月，全国"希望工程"累计接受捐款 152.29 亿元，资助学生 599.42 万名，援建希望小学 20195 所。"春蕾计划"是由中国儿童少年基金会发起并组织实施的救助贫困地区女童的公益项目。截至 2019 年底，"春蕾计划"已捐建 1811 所春蕾学校，资助 369 万多名贫困女童的学费和生活费，对 52.7 万人次女童进行实用技术培训。2009 年 4 月由中国扶贫基金会实施的"爱心包裹项目"，截至 2019 年 4 月，累计筹集善款 7.02 亿元，项目惠及全国贫困地区和灾区的 600 万名小学生。

三、健康扶贫

贫困地区由于基础设施建设落后，广泛存在儿童健康、妇女健康等问题。健康问题和贫困问题两者恶性循环，贫困地区的健康问题突出大大增加了因病致贫、因病返贫的概率。社会组织对贫困人口的健康问题也给予了极大的关注，通过健康公益项目为贫困人口提供服务。如："母亲健康快车""母婴平安 120 行动""中国西部妇幼健康计划""安康计划""消除婴幼儿贫血行动""希望医院"等。

由中国扶贫基金会实施的"母婴平安 120 行动"通过建立母婴综合保障体系，对贫困母婴分娩实施分类补贴，对贫困产后母婴进行物资援助，为项目区医疗机构配备基本的医疗设备，对项目区医务人员提供专业培训，以提高贫困社区母婴生命保障水平和健康水平，减少因母婴生命出现问题而返贫的情形，促进爱心的奉献和人类文明与和谐的发展。2003 年 7 月，中国妇女发展基金会品牌公益项目"母亲健康快车"正式启动，在全国 30 个省（区、市）开展各种形式的医疗卫生健康服务，相继开展了"手拉手平安工程""两癌救助"等系列公益活动。2006 年，中国红十字基金会联合卫生部中国乡村医生培训中心及国家级医疗培训机构和关注农村医疗卫生条件改善的爱心企业，共同推出"乡村医生培训计划"。2016 年，该计划共开展 7 期乡村医生培训班，惠及山东、安徽、广西、湖北、青海、河北 6 个省区，培训 712 名乡村医生。项目启动 10 年来，累计开展 64 期乡村医生培训班，为 27 个省（区、市）免费培训 6309 名乡村医生，受益人口超千万。

四、产业扶贫

从 20 世纪 80 年代开始，开发式扶贫成为中国扶贫开发工作的主要方针，它注重贫困人口自身能力的培养，强调通过发展产业来带动贫困地区人口就业。1994 年，中国政府实施《国家八七扶贫攻坚计划》，社会组织作为重要的社会力量积极响应国家的号召，光彩事业是中国民营企业家响应《国家八七扶贫攻坚计划》所发起并实施的一项以扶贫开发为主题的事业，为帮助贫困地区发展经济而开展开发式社会扶贫活动。它面向"老、少、边、穷"地区和中西部地区，以项目投资为中心，开发资源、兴办企业、培训人才、发展贸易；以项目投资为主体，通过包括捐赠在内的多种方式促进贫困地区经济和教育、卫生、文化等社会事业的进步。据不完全统计，截至 2017 年 8 月，中国光彩事业促进会共开展 32 次"光彩行"活动，签约项目达 6144 个，辐射全国 16 个省（区、市），光彩事业累计实施光彩事业项目 65672

个，合同项目投资额约 39650 亿元，接受捐赠 20.49166 亿元。[①]

五、救灾重建

中国由于地域辽阔、地形多样、人口众多，自古以来就饱受灾害的侵袭。著名经济史学家傅筑夫曾指出：一部二十四史，几乎是一部中国灾荒史；一部中华文明史，从某种意义上说亦是一部中华民族与自然灾害不断抗争的历史。[②] 自改革开放以来，发生的自然灾害种类较多，危害较大，洪水、地震、雪灾、沙尘暴、瘟疫流感、火灾等都给中国人民造成了巨大的损失，在政府积极抗灾救灾的同时，社会组织也踊跃地参与救灾和重建，并作为一支重要力量在抗灾救灾中发挥着不可替代的作用。社会组织参与救灾重建主要表现在以下三个方面。

一是物资捐赠。中国慈善总会从成立以来就秉承扶危济困、帮助困难群体的人道主义精神，自 1998 年总会初步确立社会组织接收救灾捐赠主体地位以来，实施了张北地震、98 抗洪救灾、抗击"非典"、南方低温雨雪冰冻灾、西南地区旱灾、汶川地震、舟曲泥石流、玉树地震、芦山地震、鲁甸地震，以及印度洋海啸、日本地震等 10 多次救灾捐赠活动，筹募的捐赠款物达 50 多亿元（包括各地慈善会汇缴的 20 多亿元），取得了令人瞩目的成绩。[③]

二是生活恢复。这一阶段主要包括灾民安置、基本生活条件的

---

① 中国光彩事业网，http://www.cspgp.org.cn/publicfiles/business/htmlfiles/cspgp/gcjj/index.html。

② 夏明方、朱浒：《〈中国荒政全书〉的编纂及其历史与现实意义》，《中国图书评论》2007 年第 2 期。

③ 中国慈善总会，http://baike.sogou.com/v567955.htm?fromTitle=%E4%B8%AD%E5%8D%8E%E6%85%88%E5%96%84%E6%80%BB%E4%BC%9A。

建立、心理疏导、信息发布等。随着社会组织参与救灾的经验不断增加，其专业表现也越来越突出。如鲁甸地震后有较大影响的"公益同行·鲁甸地震社区陪伴计划"，支持公益组织参与过渡安置阶段社区陪伴项目，有效回应了社区需求。可以说，社会组织参与灾害救援的意义不仅在于履行公民义务，更在于把社会发展的理念传播到灾区，推进灾区的社会建设。[1]

三是灾后重建。值得一提的是，汶川地震后，国务院发布《汶川地震灾后恢复重建条例》，明确将政府主导与社会参与相结合作为实施原则，吸引了许多社会组织参与灾后重建。中国扶贫基金会参与灾后重建的持续时间长、实施范围广、影响力较大，其灾后重建遵循以下五个原则：第一，首要回应灾后的贫困问题；第二，社区为本；第三，致力于提升灾民自我发展能力；第四，可持续发展原则；第五，合作、协作与陪伴成长。重点支持贫困社区的产业发展、社区就业机会提供、教育和卫生等公共服务领域、以弱势人群为核心的社区服务和照顾系统建设、注重培养致力于与灾民共同发展的组织和能力。[2]

六、生态环境扶贫

生态环境保护一直以来是国内外社会组织参与的重要领域。据不完全统计，中国登记注册的、以生态环境保护为主要工作领域的社会组织有 7000 多家。中国的贫困人口大多分布在环境恶劣、资源匮乏的地区，有些地区水资源匮乏，荒漠化、盐碱化严重，气候条件恶劣，农村生活垃圾无人处理，污染严重，这些不利的环境因素成为制

---

① 杨团主编：《中国慈善发展报告（2015）》，社会科学文献出版社 2015 年版。
② 《四川 4·20 芦山地震灾后重建需求评估报告》，2013 年。

约地区发展的瓶颈。社会组织在改善生态环境、促进绿色发展、参与生态环境扶贫方面做出了重要的贡献。比较典型的有：大巴山生态与贫困问题研究会。该研究会以研究和改善贫困地区的生态环境，增强贫困群体的环保意识和可持续发展意识，促进贫困地区经济、社会和生态事业的协调发展为宗旨。截至 2014 年，研究会在所服务的巴中市农村社区建立卫生站 5 处、学校 4 所，修建人畜饮水系统 34 处，"三改两建"（改厕、改圈、改厨，建沼气池、建饮水池）1200 户，建设乡村图书室 30 个，帮助 5000 余农户发展生计。再如，广东绿耕社会工作发展中心，该中心采取了两个方面的措施应对仙娘溪村的环境恶化现象：一是推行生态种植、生态体验项目，减少现代农业技术对农村自然环境的破坏；二是改善村落居住环境，对农家土房进行修整和规划，注资帮助村民实施路面硬化，组织青少年进行垃圾定点清理，组织老人到各寨子里进行环保宣传演出。

七、社区发展扶贫

以社区为基础开展扶贫工作是社会组织参与扶贫的重要领域。社会组织认为，相比于物质资助，以促进社区发展的方式来提高贫困人员的能力更有意义。社区发展扶贫主要是支持社区基础设施建设，协助社区发展改善物质、文化、生活条件；支持社区经济发展项目，促成社区群众经济收入的提高和社区整体经济的发展；在项目实施过程中培养社区群众的自主和参与意识，鼓励群众积极参与社区的公共事务，提升群众的归属感和社区的凝聚力。2012 年，德国米索尔基金会正式批准"河北省邢台市清河县生计发展、文化保护和能力建设社区综合发展项目"，援助资金 33 万欧元。该项目包括四大部分：村庄基

础设施与资源环境管理、生计发展、少数民族文化保护与创新、村庄
自我发展能力建设。通过将生计发展、文化保护、环境保护与能力建
设相结合，探索自然环境保护、少数民族文化传承和生计发展水平协
调发展。

第四节　社会组织参与农村贫困治理的优势与局限

　　社会组织在扶贫中以其灵活性、开放性、参与性和低成本等优势，使其能够在扶贫领域发挥重要的作用，弥补政府的缺陷。万俊毅等指出，社会组织参与扶贫的优势在于扶贫活动的专业性和技术性比较高，注重扶贫工作的可持续性，重视培养贫困人员选择生活方式的能力，强调贫困人口参与扶贫决策，着重转变贫困人口的生存理念，扶贫资源使用效率高。赵佳佳认为社会组织扶贫瞄准度高，更加高效，另外，社会组织通过设计严密的制度和技术标准也保证了瞄准度高的可持续性。社会组织扶贫的敏感性高，社会组织的领导者更具有强烈的利他精神和社会责任感，因此能够更加关注政府扶贫政策或市场机制难以覆盖或忽视的贫困群体，真正体现扶贫济困的道德情怀。社会组织扶贫的平等参与度高，社会组织保障了受助对象的参与权利，注重民众参与和社区参与，发挥他们的积极性，鼓励他们参与到扶贫的活动中。匡远配等认为社会组织参与扶贫开发具有五个方面的优势：一是实现资源再配置；二是具有创新优势，引入新理念、方法，创新组织结构体制、项目管理体制、融资体制；三是具有灵活调整的优势，在组织体制、结构、活动方式等方面具有自主性；四是能够准确瞄准扶贫对象；五是具有专业化优势。

　　诚然，社会组织能够以其自身专业的服务、先进的理念、灵活的运作及突出的效率弥补政府的不足，但是社会组织也面临着不足与缺陷。廖建军认为社会组织参与扶贫在管理上没有形成一套可推广应用的合作机制、协调机制、运营机制和监管机制，制约了社会组织参与扶贫的广度和深度。匡远配指出，社会组织狭隘性与专门性的特点会影响其扶贫的可持续性，多数社会组织依据自身偏好选择服务对象，缺少对整体性、全局性问题的敏感性，难以有效协调各方利益。王晓毅等从特色扶贫项目出发，认为许多社会组织只是重复和推广境外的扶贫理念，没有形成适应自己的特色项目，从而使扶贫工作受限。笔者将其归纳为三个方面：第一，社会组织自身发展失衡、组织建设不完善，一部分有实力的社会组织能够获得大量的资源，但是另外一部分发展水平较低的社会组织能力有限，所能够发挥的作用也就相对有限；第二，扶贫的经验积累不够，现有社会组织很多还处于仿效西方模式的阶段，本土化程度较低；第三，社会组织的资源匮乏，对外部资源的依赖性强，某种意义上中国公民社会还未形成，对于社会组织的认同度低。

第二章

社会组织参与农村贫困
治理的理论逻辑与实践意义

第一节　治理转型的理论指向及其在农村贫困治理中的基本体现

一、治理转型的核心议题

2013 年，中共十八届三中全会召开并通过了《中共中央关于全面深化改革若干重大问题的决定》（以下简称《决定》），全面启动了以经济体制改革为核心的全方位改革进程。按照《决定》，"全面深化改革的总目标是完善和发展中国特色社会主义制度，推进国家治理体系和治理能力现代化"。由此，"治理体系和治理能力现代化"作为一个新的概念首次高规格出现在党的重要文件中，并在实践层面全面推进，也标志着一个新时代的到来。

"治理"在学术研究中，是一个有深厚理论沉淀的概念。"治理"概念在 20 世纪 90 年代兴起，此后在政治学、社会学、经济学等领域盛行，并被多个组织和学派有效拓展，发展出不同的测量指标用于实际研究。1995 年联合国全球治理委员会在《我们的全球伙伴关系》中，将"治理"界定为："公私机构管理其共同事务的诸多方式的总和。它是使相互冲突的或不同利益得以调和并采取联合行动的持续过程。这既包括有权迫使人们服从的正式制度和规则，也包括各种人们同意或以为符合其利益的非正式制度安排。治理不是一整套规则，也不是一种活动，而是一个过程；治理过程的基础不是控制，而是协调；治理既涉及公共部门，也包括私人部门；治理不是一种正式的制度，而是持续的互动。"[1] 关于"治理"概念的表述多种多样，李泉通过对跨学科的治理理论文献进行回顾，梳理了以市场、网络和国家为中心的三种治理理论。市场视角的治理理论将市场及其结构作为理解国家与政府治理的原型，将人性中的自利取向作为分析的基础，分析了政府系统的利益化趋势和冲突来源。网络取向的治理理论关注社会组织与团体在政策制定过程中的作用，治理被理解为一个"多元参与者进行协同决策时的特定结构和过程"。国家取向的治理理论则将国家作为治理理论的焦点，并予以持续的关注，将国家看作是在变动环境中稳定的治理结构以及有规则的政策过程的主要维系者。[2] 尽管多种治理概念的侧重点和角度各不相同，但核心要素大体一致，正如弗里德里克森所言，如果将各种治理概念整合起来，会形成一个或一套相对比较严密的概念，即治理意味着国家与社会、市场以新的方式互动，从而应付日益增长的社会及其政策问题的复杂性、多样性和动态性。

作为一个在历史实践中发展起来的概念及相应的理论体系，治理理论的发展完善是国家、市场与社会三者之间相互博弈的结果。20 世纪 30 年代以来，西方发生了普遍性的经济危机，国家强化了对市场的限制和引导，主动承担了社会福利供给。与此同时，随着市场逐渐发育，公民社会逐渐崛起，意识到通过结社、运动等方式保护自身利益的必要性，各种社会运动和社团组织兴起，形成所谓的全球结社革命。在政府、市场、社会既相互制约又相互支撑的互动过程中，政府职责

---

[1]　全球治理委员会：《我们的全球伙伴关系》，吉林人民出版社 2001 年版。

[2]　李泉：《治理理论的谱系与转型中国》，《复旦学报（社会科学版）》2012 年第 6 期。

被圈定在一个相对合理的范围内，市场、社会所蕴含的治理功能得以被广泛地吸纳到政府主导的国家治理过程中来。①

就治理理论而言，正如格里·斯托克所言，它并不满足于解释现有的政治制度和管理方式，其目标则是塑造政策议程并提供具有前瞻性的指导方案。②基于此，我们所谓的治理转型理论，实际上是一种针对公共领域和社会福利领域的权利结构进行解释、调整和规划，最终建构一种趋于合理的治理结构的动态理论。这种理论的核心在于参与治理的各方如何确定行动边界、如何争取话语权、如何确定行动权利，以及如何形成一个有利于各方的资源分配机制。另外，治理转型理论在总体上始终保持一种显著的针对性，这就是对政府权力的限制。这一点，我们在格里·斯托克关于治理的 5 个基本论点中也能够有所洞察。

格里·斯托克关于治理的 5 个基本论点 ③

（1）治理意味着一系列来自政府但又不限于政府的社会公共机构和行为者。它对传统的国家和政府权威提出挑战，认为政府并不是唯一的权威中心。
（2）治理意味着在为社会和经济问题寻求解决方案的过程中存在着界限和责任方面的模糊性——国家把原来由它独自承担的责任转移给公民社会。
（3）治理明确肯定了在涉及集体行为的各个社会公共机构之间存在着权利依赖——致力于集体行动的组织必须依靠其他组织——交换资源、谈判共同目标。
（4）治理意味着参与者最终将形成一个自主网络。
（5）治理意味着办好事情的能力并不限于政府的权力，不限于政府的发号施令或运用权威。

---

① 何显明：《政府转型与现代国家治理体系的建构——60 年来政府体制演变的内在逻辑》，《浙江社会科学》2013 年第 6 期。
② 李泉：《治理理论的谱系与转型中国》，《复旦学报（社会科学版）》2012 年第 6 期。
③ 俞可平：《治理与善治》，社会科学文献出版社 2000 年版。

二、"农村贫困治理转型"的概念生成

严格意义上讲，贫困治理是一个新的概念。已有的政策性文件、研究文献及各类报刊往往用"扶贫""减贫""发展援助"等概念概括针对贫困群体、贫困区域的干预行为。在最近的学术研究中，贫困治理越来越被经常使用，主要在于实践层面的贫困干预在理论上越来越具有治理理论的特征。本书中，我们沿用已有研究中对贫困治理的基本定义，将农村贫困治理界定为：由援助主体（包含政府、企业、社会组织等）发起的，通过多种方式和途径的，针对贫困农村的包含资金、理念、技术、物资设备等资源的援助过程。[1] 本书着重指出，贫困治理这一概念在理论上具有其深刻的特殊性。该概念尤其注重贫困干预主体之间的合作网络、贫困干预主体与受援对象之间的互动、各个行动主体之间的行动边界及其贫困干预过程中的资源分配机制。

（一）宏观层面上，贫困治理主体多元化、治理边界模糊化、治理机制复杂化

2011 年，中共中央、国务院颁布《中国农村扶贫开发纲要（2011—2020 年）》，明确了开发式扶贫方针，规划了专项扶贫、行业扶贫和社会扶贫的工作重点和主要手段，形成了专项扶贫、行业扶贫和社会扶贫相互融合的"大扶贫"格局。扶贫不仅仅成为扶贫部门的任务，也不仅仅是涉农部门的任务，还牵涉到金融、公益、社会组织、国际交流等诸多领域，这使得扶贫主体多元和扶贫边界模糊成为一种必然的趋势。而在这众多领域的交叉地带，又带来了因客观现实需要

---

[1] 向家宇：《贫困治理中的农民组织化问题研究》，华中师范大学 2014 年博士学位论文。

而造成的扶贫机制创新和试验。扶贫开发变成了一项中央、地方上下贯通，各个部门横纵兼容，各个领域交叉融合的工作。

（二）微观层面上，治理手段多元化、治理方式组织化

随着贫困群体的多元贫困需求被挖掘出来，逐渐得到重视，并引发了贫困干预手段和方式的多样化。教育扶贫、文化扶贫、技能培训、创业指导等多样化的扶贫模式得到重视。另外，随着城乡一体化进程的加快，乡村社会结构的变迁，贫困干预的不可预见性难度越来越大，贫困干预过程越来越重视具体干预过程中的权力边界，强调干预手段对于贫困群体内源性发展能力的培育，以及贫困干预政策对贫困群体和乡村社会关系的微观影响。这种变化尤其体现在一些社会组织在广大贫困农村开展的，以乡村建设为核心理念的农村贫困干预过程中。

由此我们可以看出，在宏观和微观层面，贫困干预过程的"治理转型"意蕴越来越显著。按照治理理论的经典论述，治理的过程是"协调""互动"，是"关系和规则的维系"等。在农村贫困治理过程中，政府各个部门之间、政府与社会组织之间、政府与企业之间、社会组织与企业之间构成了一个持续互动的协作网络，要完成对贫困群体的扶贫供给，需要各个行动主体合作沟通。在微观领域，政策和行动干预过程还要考虑既有的乡村社会结构，考虑如何利用乡村社会精英，如何确保资源优先分配给最贫困的人群。

第二节　社会组织参与农村贫困治理的
理论逻辑

社会组织参与农村贫困治理是在三种力量的相互作用下生成发展的，这三种力量分别是以政府为中心的放权改革、以社会组织为载体的扶贫专业化发展和以市场为支撑的公益资源积累。

一、以政府为中心的放权改革

治理理论的核心在于参与治理的各方如何确定行动边界、如何争取话语权、如何确定行动权利，以及如何形成一个有利于各方的资源分配机制。社会组织参与贫困治理，从理论上体现为政府与社会组织的互动逻辑如何展开，即国家与社会的互动逻辑如何展开。就中国的历史发展轨迹和制度特征而言，国家与社会的互动程度、方式和结构的演变最直接的动力在于国家如何贯彻整体意识，以及如何行使权力。用更理论化的表述即为：国家力量如何彰显。

中国的治理历史是从"全能主义"或者说"统合主义"中进化而来的。中华人民共和国成立初期，为了在低起点、低水平及资源匮乏的条件下实现工业化赶超战略，最大限度整合优化全国的发展资源投入国家重点战略领域，国家采取全能型治理体制，政府的主要任务是完成全面管制。即政府掌控了社会所有稀缺资源，民间社会无法掌握重要资源，政府在此过程中扮演了生产者、监督者及控制者的全能型角色。[1]改革开放以前，社团空间的特征突出表现为国家主义，在这一制度环境下，民间社团如果有，也只能以非正式社会群体（social groupings）的形式存在，无法取得法律上的合法性。[2]

　　改革开放以来，以社会主义市场经济为核心的改革逐渐促使中国形成了发展型的政府治理模式，经济建设成为政府的中心工作。政府依然在经济社会工作中保持主导地位，更加强调自身的管理功能，在局部领域，政府开始下放部分管理职能。在这一阶段，出现了大量的正式、非正式的社会组织，大批专业性较强的社会团体出现并与体制内相应领域发生关系，许多民间社会团体开始活跃起来，且伴随国家逐步放松对社会的控制，20 世纪 80 年代社会空间得到快速扩展。根据裴敏欣的研究，在整个 20 世纪 80 年代，全国性社团的数量增长了 7 倍，年增长率达到 48%；而地方性社团增长更快。[3]但梳理这期间出现的社会组织及其活动领域，与其说是社会组织自主性的推动，不如说是"国家力量"的转换调整。[4]除了资源上的控制，国家对社会组织的管控也直接体现在监管制度体系上。国务院于 1998 年再次修订的《社会团体登记管理条例》，对社会组织成立登记、年度检查、活动范围、

---

① 邵鹏：《国家治理模式演进与国家治理体系构建》，《学习与实践》2014 年第 1 期。
② 顾昕、王旭：《从国家主义到法团主义——中国市场转型过程中国家与专业团体关系的演变》，《社会学研究》2005 年第 2 期。
③ Pei,Minxin. "Chinese Civic Association:An Empirical Analysis". *Modern China*, 1998,Vol.24. 引自顾昕、王旭：《从国家主义到法团主义——中国市场转型过程中国家与专业团体关系的演变》，《社会学研究》2005 年第 2 期。
④ 裴敏欣通过对国家、省、市各级政府登记的社会组织的相关数据进行分析指出，改革后大量社会组织的出现，改变了国家与社会的关系格局，但这并非意味着一个具有完全自主性的市民社会的出现。事实上，这些社会组织具有明显的"国家法团组织"（state-corporatist）特征。

分支机构设立、竞争性限制、业务指导监管等若干细节均有明确规定。而且，社会组织必须受到业务主管部门和注册登记部门的双重管辖。

这种阶段性的回顾表明，从中国国家治理的实践发展过程来看，社会组织能否参与到国家的治理格局中，政府的放权改革是主要动力。张兆曙针对国家决断性权力和基础性权力的矛盾，提出一种"国家带动型法团主义"，即通过国家的有效培育和推动，才能更有效地培育一个有效的内生性的民间社会，促进社会的良性治理。① 实际上，这种所谓的"国家带动"在具体层面上体现为国家的放权改革。2005 年，温家宝同志在《政府工作报告》中提出服务型政府，尽管相应的制度、法规建设仍存在较多限制，但实践中开始广泛探讨实验多种以"治理"为蓝本的治理模式。参与扶贫的公益类、专业型社会组织在组织理念和活动范围上属于党委、政府鼓励和倡导类团体，但从当前的制度环境，以及尚未规范的公益市场和欠完善的公益信息角度而言，社会组织长期发展需要的稳定制度化环境和资源供给渠道，仍然离不开政府自上而下的渐进式变革。

二、以社会组织为载体的扶贫专业化发展

发展援助兴起于 20 世纪中期。大量国际社会组织参与到对欠发达国家的援助活动中，并在新自由主义提倡的"让国家回归"口号之下，形成了发达国家政府与国际合作的"黄金时代"。瑞典等是国际 NGO 对外援助机制较为成熟的国家，到 1995 年，依托国际 NGO 开展援助比例上升到 30% 左右，并有进一步上升的趋势。② 同时，世界银行、联合国等国际机构也将国际 NGO 视为合作伙伴和天然盟友，形成了官

---

① 张兆曙：《国家带动型法团主义与国家治理现代化》，《社会学评论》2014 年第 4 期。

② 赵黎青：《非政府组织与可持续发展》，经济科学出版社 1998 年版。

方发展援助与 NGO 国际合作的准则。目前，政府、NGO 与市场三位一体的对外援助模式已基本成型。

随着发展援助工作的持续推进，以及国际政治经济形势的变化，发展援助实践逐渐专业化。这种专业化集中体现在两个方面：一是援助对象逐渐聚焦。20 世纪 90 年代以来，"减贫"成为国际援助的焦点领域，并获得各类援助机构的支持。2000 年召开的联合国千年首脑会议，150 位与会国家与政府首脑通过了《联合国千年宣言》，提出到 2015 年将收入低于每天 1 美元的世界人口比例和忍受饥饿人口的比例减少一半。二是援助理念逐渐更新，援助技术日趋完善。早期的援助机构大多将以经济指标增长为核心的现代化发展作为援助目标，在学术研究和大批社会组织的推动下，一种新的发展观逐渐盛行。这种发展观将受援助地方的利益结构、文化形态等因素综合考虑，适度降低经济指标的权重，重视受援群体的话语权。在技术层面，它集中体现为以参与式扶贫为核心方案的贫困治理方法。以社会组织为支撑的发展援助专业化，是社会组织参与中国农村贫困治理的主要基础。

以社会组织为支撑的发展援助专业化有效提升了扶贫效率，从而与政府扶贫形成互补关系。在农村贫困治理过程中，社会组织与政府作为两种截然不同的发起主体，体现出不同的局限性和优势。已有的实践研究表明，政府组织的贫困治理过程存在因信息不对称、瞄准目标单一、扶贫模式单一、忽视妇女权益、资金漏出率高、政策可持续性低等因素造成的扶贫效率低下以及缺乏创新力等问题，而且这些问题很难通过体制内的变革获得改善。另外，在对社会组织扶贫实践的观察中，研究者注意到，社会组织参与贫困治理能有效克服官僚主义和形式主义，具有较强的专业性和技术性，组织机构及扶贫方式弹性大、适应性强等优势，能更好地瞄准困难群体，优化利用扶贫资源。

基于社会组织参与贫困治理的专业化趋势，以及贫困治理领域社会组织与政府的互补关系，客观上增强了政府与社会组织合作的可能性和必要性。在治理转型的总体氛围下，政府越来越意识到自身的可为与不可为，开始有意识地在局部领域展开与社会组织的合作，通过向社会组织赋权，传递扶贫资源，利用社会组织的专业扶贫理念和技术推进扶贫工作。2005 年，在四川、安徽等地，国务院扶贫办与部分社会组织合作开展了村级扶贫互助资金试点。2006 年，国务院扶贫办与江西省扶贫办合作，提供 1100 万元财政扶贫资金，委托中国扶贫基金会组织招标，选择一部分非政府组织在江西省的 22 个重点贫困村实施村级扶贫规划项目。作为一种创新性的尝试，这些实践尽管出现了一些制度和衔接漏洞，但其体现了极大的活力和影响力。

以社会组织为支撑的发展援助专业化的另一种正向后果，便是不同层级的社会组织之间形成一种稳定的网络，从而建构一种有利于农村贫困治理资源吸纳和传递的有机载体。有研究表明，早期中国社会组织参与农村贫困治理的主要影响因素是资源，即资源的整合动员能力，深刻影响着中国社会组织参与农村贫困治理的发展路径。因此，早期参与贫困治理的社会组织要么是有官方背景的，要么是能够动员发达国家资源的国际社会组织。从最近 10 年的发展历程来看，我们看到大量草根社会组织逐渐崛起，实际上这是专业性社会组织逐渐发展扩张的一种具体体现。有资源、有专业理念和技能的社会组织精准地将扶贫资源传递到广大贫困地区，离不开基层社会组织。这是早期社会组织基于成本考虑的理性选择。在这个过程中，不同层级社会组织的功能逐渐分化，上层社会组织诸如扶贫基金会等专注于扶贫模式创新和扶贫资源整合，草根社会组织如仪陇县乡村发展协会等，专注于执行和具体实践扶贫模式，向上争取扶贫资源。在功能分化的基础上，构成了当前的社会组织网络。

三、以市场为支撑的公益资源积累

治理转型的三个基本主体是政府、市场与社会。治理转型的基本前提是三方行动主体自身的成长、成熟。从农村贫困治理的角度看，政府的资源投入和制度供给、专业化社会组织的整合创新、以企业为支撑的市场的公益资源积累和再分配，构成了贫困群体福利供给的基本路径。从三种主要渠道的构成特征看，要体现农村贫困治理的多元共治模式，以企业为支撑的来自市场的公益资源积累是最大的增量。政府财政投入的部分主要包括专项扶贫资金和行业扶贫资金，专项扶贫资金虽然每年保持一定的增速，但总量不大，目前仍保持在 450 亿元以下，这对于处于攻坚阶段的贫困治理形势而言，仍显不足。行业扶贫资金虽然大部分用于贫困农村，但受限于地方追求经济发展的多重考虑，部分资金甚至较大部分资金用于能带动地方经济增长、快速发挥效益的领域。社会组织在多元扶贫格局中虽然发挥重要的整合作用，但社会组织本身不能产生扶贫资源的直接积累，而是依靠承接政府服务、吸纳市场公益资源来对资源存量进行整合优化。从渠道上来看，以市场为基础的公益资源积累是做大福利增量、建构多元共同参与农村贫困治理的基本条件和重要基础。

2006 年以来，中国的公益慈善资源显著增加。仅从慈善捐赠货币量来看，从 2006 年的 127 亿元上升到 2013 年的 989 亿元，其中 2008 年度捐赠数额达到 1070 亿元。[①] 公益慈善资源积累并不断增加的主要支撑是企业。根据民政部发布的《2013 年度中国慈善捐助报告》，企业法人捐助占年度捐赠总额近 7 成。企业广泛参与公益捐助，是企业社会责任的体现。企业社会责任是在多种不同机制作用下形成的，从大的方面而言，一是政府对企业社会责任的弘扬和倡导，二是专业化社会组织（以基金会、慈善组织为主）对企业公益资源的动员和吸纳。自 20 世纪 90 年代市场经济体制逐步建立和完善以来，市场主体逐渐发展壮大，治理结构不断完善，盈利能力不断提升。各级政府开始通过多种方式动员企业参与扶贫事业，包括建立国有企业针对贫困地区的定点扶贫常态化机制，直接动员企业参与本地或异地贫困地区的捐款，通过表彰、吸引企业法人参政议政等方式整合资源投入扶贫济困，通过建立企业与贫困县、贫困村之间的产业互助联系机制，带动贫困地区产业发展和基础设施建设等多种多样的方式吸引市场公益资源。专业社会组织缺乏政府所具有的强大的政治动员能力，但却有政府不具有的理念和渠道优势。专业社会组织通过建立稳定的针对贫困地区的资源供给网络，形成专业化、模式化的扶贫模式，逐渐形成一定的公信力，往往能够吸引部分有能力、有意愿投入扶贫资源，但没有合适渠道参与的企业捐款捐物。另外，很多基金会、公益慈善组织本身是一些大企业法人或是社会知名人士筹建，这些人本身有较强的社会动员能力和公信力，因而也可以整合扶贫资源。

从理论上而言，公益慈善资源的积累扩大本身就是中国慈善治理结构的一种深刻体现。在这个过程中，政府、社会组织和市场各自发挥着不可替代的作用，推动着中国公益慈善治理结构的发展和转型。

---

① 《去年中国慈善捐助止跌　民企和外企成捐赠主力》，《南方都市报》2014 年 9 月 21 日。

第三节　社会组织参与
农村贫困治理转型的实践意义

一、为农村贫困治理转型提供路径支持，形成更合理的贫困治理结构

按照发达国家的福利发展实践，公民的社会福利供给是通过政府、市场、家庭、社区和社会组织等几个主要渠道构成，即所谓的福利多元主义供给路径。在北美洲、欧洲等福利国家，社会组织从20世纪60年代以来在提供公民福利方面表现得越来越专业，资源整合机制和分配方案逐渐完善，成为福利多元供给结构中一支不可或缺的力量。何道峰根据1994年到2000年社会组织与政府在扶贫领域的投入，指出"八七"扶贫攻坚期间，社会组织的扶贫投入占所有扶贫投入的22.3%，平均贡献率达28%。

改革开放以来社会组织参与农村贫困治理的历程和成就，是在有限的空间里探索和实践出来的。之所以这样，是因为社会组织参与农村贫困治理的制度环境、自身组织能力和资源匹配能力都不是很完备，不是很充实。即便是这样，社会组织仍然能够对中国的农村贫困治理做出巨大的贡献，这充分说明社会组织参与农村贫困治理作为一种事业，具有内在的生命力。事实上，从这些年农村贫困

治理的整体发展过程来看，社会组织对农村贫困治理格局的贡献，更大的还在于它提供了一种体制外援助贫困群体的方式。而这种方式，往往能够克服和规避大规模专项扶贫、行业扶贫的某些弊端和不足。从农村贫困治理转型的角度看，主要通过体制外方式运行的社会组织参与农村贫困治理，能够给治理结构和治理理念提供路径支持。

2013 年以来，在"区域发展带动扶贫攻坚，扶贫攻坚促进区域发展"的总体战略下，中国提出了"精准扶贫"的概念，并先后出台了《关于创新机制扎实推进农村扶贫开发工作的意见》《创新扶贫开发社会参与机制实施方案》。文件体现了两种显著变化：一是围绕"精准扶贫"，通过体制机制改革促进扶贫资源优化分配和扶贫工作有效评估；二是社会扶贫被提高到一个更加重要的主体地位，形成了明确的工作方案。这实际上是一种针对农村贫困治理结构转型的较大幅度的调整。从实践层面看，两方面的调整都与社会组织对农村贫困治理的参与行为息息相关。在中国社会组织在农村贫困治理参与过程中，对精准扶贫、社会组织扶贫的具体方式等做了大量的尝试探索，已经形成了比较成型的理论及其相应的路径。这些理论和经验，可以成为下一步农村贫困治理结构、治理机制改革的重要借鉴。与此同时，社会组织本身也将以政府购买服务、社会组织与政府合作、社会组织之间的相互支持等方式参与到农村贫困治理转型中。

二、丰富和发展农村贫困治理的理念，提升新型贫困治理结构的适应性

与政府组织的农村贫困治理相比，社会组织主导或推动的农村贫困治理在治理理念和技巧上有着显著区别。这种区别主要来源于二者对贫困的界定，以及它们本身在组织结构上的差异。从战略上看，中国农村贫困治理的历程大致可以概括为以片区为主——以贫困县为聚焦——以贫困村为聚焦——区域发展与扶贫攻坚协同发展。在此过程中，在国际、国内社会组织的逐步参与下，政府主导的农村贫困治理在理念和方式上逐渐进化和变革。简言之，从一开始的强调物质贫困指标，到现在的包括收入、公共产品供给、文化精神需求、教育医疗水平、权利等内容的多维贫困测量指标。从扶贫方式上来看，20世纪80年代以来，由一些社会组织推动的参与式扶贫方法也逐渐得到政府和群众的认可。

政府主导的30多年的农村贫困治理实践，在理念和技巧上的变革是在政府与社会组织长期互动、互构中完成的。政府利用自身资源开展的贫困治理，难免受到既有体制的某种限制，除了其本身在自上而下的资源传递过程中发生目标偏移、目标置换，扶贫资源也会遭遇到基层发展战略、地方利益格局的影响。要避免体制造成的不良影响，需要一段相当长的时间。从这个意义上讲，社会组织的有效参与，能够形成一种比较有效的反思机制和纠偏效应。过去的实践已经证明，社会组织和政府能够在局部领域进行有效合作，从贫困治理理念上和实践上互相增权，相互增进了对贫困的认识和贫困治理方式的创新。

在城乡一体化、农业现代化和协调推进"四个全面"战略布局的

大背景下，农村贫困治理面临着巨大的变革机遇，同时也面临着巨大的挑战。国家的政策、市场的不断自我更新及贫困群体经济地位、权利地位的不断变化，都要求农村贫困治理从理念和方式上不断调整。在这种环境下，社会组织的有效参与，作为一种推动变革的支撑，能够推动农村贫困治理理念和方式做出更积极的改进。

三、促进贫困治理领域的国内外交流，强化贫困治理结构转型的合理性

减贫是一项世界性课题，是发达国家和发展中国家共同的事业。贫困治理领域的国家交流和对话，有利于分享各国扶贫经验，促进各国扶贫资源的共享。过去几十年，中国为世界贫困减少做出了卓越的贡献，对欠发达国家的减贫事业具有很大的示范借鉴意义。随着国家经济政治交流的深入发展，贫困治理领域的交流合作逐渐被提上日程，形成所谓的"扶贫外交"经验。

贫困治理领域的国际交流领域，社会组织尤其是跨国的社会组织具有天然的优势。它可以克服官方交流中因发展水平不同、政治体制不同等因素造成的困境和问题，寻求搭建一个基于各方共识的贫困治理平台。例如，世界银行、联合国开发署、联合国教科文组织等这些国际性组织，过去几十年对世界减贫在国际交流和合作方面做出了突出贡献。另外，就中国的实践而言，一些国际性社会组织在中国的贫困治理过程中，通过培育、资助本土社会组织，举办社会组织与公益发展论坛，推进片区合作，组织贫困领域的课题研究等方式，也初步形成了一个中国本土组织之间、本土社会组织与国际社会组织之间的网络。

专项扶贫、行业扶贫和社会扶贫"三位一体"的扶贫格局已经是

不可逆的趋势。作为社会扶贫的一种重要手段，社会组织扶贫建立起来的国际、国内交流合作网络，将从顶层设计和宏观策略方面更深入地与专项扶贫、行业扶贫相衔接，从资源传递、策略改进等方面促进整个贫困治理结构转型，进而形成一个基于各方治理主体可接受的治理体系。

第三章

社会组织参与农村贫困治理的
实践历程及其基本特征

——基于国内外比较的研究

社会组织参与扶贫济困的行动由来已久，以民间结社为主体进行扶贫济困、互助或慈善行动的自治组织在历史上诸多朝代发挥了重要的作用，民间参与扶贫济困行动是中华民族慈善观与儒家"仁"和佛家"慈"理念的重要传承。本书主要从中华人民共和国成立以来，国家将减轻贫困问题作为重大目标为时间节点来探讨社会组织参与贫困治理的进程。从计划经济时代到市场化逐步扩大，社会组织经历了政社合一的时代，初始的社会组织基本都是从政府体制内部产生，数量较少且形式种类较为单一，主要是群众组织和社会团体，其中又分为全国性社团和地方性社团。20世纪60年代，全国性社团和地方性社团分别为100多个和6000个左右，到1989年底分别增至1600个和20余万个。[①]尤其自改革开放以来，随着中国政治环境的变化，经济与社会快速发展，同时也不断涌现出新问题和新挑战，社会组织迅速发展并参与到扶贫行动之中，并发挥了不可替代的重要作用。从总体上来看，社会组织参与贫困治理有着独特的背景，即在全球化的大趋势中，政府和市场双重失灵的情况下，资源不断从政府领域流向社会，不断促进政府职能改革和社会发展变革，最终不断促进全球化进程。社会组织在外在的环境变化中不断调适角色，在内在发展动力推动下不断扩

---

① 潘星明、李天顺、黄芩：《基于供求关系视角下的 NGO 勃兴研究》，《科协论坛（下半月）》2011年第1期。

大参与范围，逐步自上而下和自下而上地生成和发展起来。社会组织参与到贫困治理是在其自身有一定发展的前提下开展的，这种参与过程经历了由被动参与到主动参与、由物质帮扶到能力提升、由实践探索逐步向制度推动的进程。同时，这种参与的过程演进与社会组织自身发展历程、外部制度环境的变化保持一致。换句话说，社会组织参与贫困治理的历程，就是中国外部制度环境和社会变迁的缩影，也是社会治理和转型的重要组成部分。

第一节　中国社会组织参与
农村贫困治理的历程

　　社会组织参与贫困治理是循着国家对于贫困问题和社会组织管理的制度变迁不断地曲折向前发展。一方面国家宏观上对于贫困问题的政策变化为社会组织参与贫困治理提供了介入空间和发展思路；另一方面，社会组织的参与丰富了贫困治理的主体，以及提供了更广泛的资源支持，共同促进减贫和发展。换句话说，中国反贫困的历程与社会组织的发展历程有着不可分割、相辅相成的辩证关系。中国社会组织的发展及其参与的领域与时代背景息息相关，总体上来看，社会组织参与贫困治理的历程与扶贫开发历程是同向波动、动态前行的。社会组织参与贫困治理经历了探索时期、发展时期、扩展时期和稳定时期，这四个时期与中国扶贫开发的历程和重大历史事件的发生有着密不可分的关系。

一、社会组织参与贫困治理的探索时期（1978—1993 年）

（一）体制改革探索阶段（1978—1985 年）

　　社会组织的发展随着中国政治经济体制变化不断演进。1949 年中华人民共和国的成立标志着中国进入了新民主主义社会，广大人民开始逐步参与到国家管理和诸多领域的社会事务中。1978—1985 年这一时期是中国改革开放政策起步时期，社会组织在此阶段正式萌发，与此同时，在 1978 年，依据政府制定的标准，中国农村贫困人口 2.5亿，占农村总人口的 30.7%，[①] 由于生产力发展水平较低，同时囿于计划经济体制中诸多因素限制，呈现出农村地区大面积贫困的状况。1950 年和 1951 年分别制定发布了《社会团体登记管理暂行办法》及《社会团体登记管理暂行办法实施细则》的政策，这两部社团的政策制定成为社会组织结社活动的政策保障，并且促进了社会团体及社会组织的扩展和组织结构变迁。中共中央、国务院在 1984 年下发了《关于严格控制成立全国性组织的通知》，国家体改委制定了相应的规定，针对社会团体成立混乱和多头审批管理等问题进行政策性调整。党的十一届三中全会之后，经济体制发生转变，社会组织伴随着经济和政治的不断相互作用逐步发展，人民群众积极开放思想，参与结社与合作，社会组织数量大幅度增长。

　　国内社会组织参与到贫困治理。随着政策的明确和经济社会发展的实际需求，一些至今仍然具有较大影响力的官办社会组织在这一时期成立，并初步形成了社会组织参与贫困治理的格局。中国儿童基金会在 1981 年成立，成为中华人民共和国第一个社会组织，专注于儿童的发展和成长，并且通过关注儿童群体的健康、教育、医疗等领域推动对弱势群体的扶贫开发行动。宋庆龄基金会在 1982 年成立，以宋庆龄女士的名字命名，定位为公益慈善机构。1983 年 11 月，中国残疾人福利基金会成立，成为为残疾人募捐和开展残疾人群体扶贫开发的

---

① 《中国的农村扶贫开发》白皮书，http://www.cpad.gov.cn/art/2006/3/3/art_46_12298.html。

重要主体。直至 1985 年，爱德基金会作为第一家社会人士发起参与的宗教性民间团体成立。基金会作为为扶贫筹资的重要渠道，在贫困治理领域很受欢迎。这些基金会在设立之初，均以特定领域的公益事业设定项目，并通过募集社会资金推动公益领域的发展，吸引社会人士的参与。这一阶段，社会组织参与贫困治理的方式和渠道与政府扶贫开发几乎没有差别，都是带有"救济"或者"救助"性质的福利形式。因此，在此阶段，社会力量仍然十分弱小，参与的程度十分有限。

联合国系统参与到贫困治理。这一时期，随着改革开放的逐步深入，中国与国际组织和其他国家的交往日益密切，联合国系统成为最早进入中国参与扶贫开发的国际组织。1979 年，联合国开发计划署（UNDP）在中国设立代表处，作为联合国系统在华机构的协调人。此后，联合国粮农组织（FAO）、世界粮食计划署（WFP）、联合国儿童基金会（UNICEF）、国际劳工组织（ILO）、联合国人口基金会（UNFPA）等机构先后在中国设立代表处，为中国扶贫开发项目注入了资源，并从各自专属的领域开展扶贫济困工作。

在这一阶段，扶贫开发和社会组织都处于政策准备阶段，在经济体制改革提出之后，农村地区严重的贫困问题对当时经济和社会发展提出了挑战。同时，为了配合经济体制改革和经济发展目标，社会组织的管理改革也逐步推进，为社会组织参与贫困治理提供了良好的铺垫。

（二）开发式扶贫与社会组织探索（1986—1993 年）

从反贫困政策来看，自 1986 年起，中国开始启动了有计划、有组织、大规模的农村扶贫开发，成立专门扶贫工作机构，设立专项扶贫资金并制定针对贫困地区的特殊优惠政策，以开发式扶贫为方针展开贫困治理工作。从社会组织演变政策来看，1989 年国务院正式公布实施《社会团体登记管理条例》，确立了社会团体登记管理机关和业务主管单位"双重负责"的管理方式，其中，登记管理机关主要是办理审批手续的职能部门，业务主管部门主要是社会团体的领导授权部门，并且业务主管部门主要是县级以上的政府部门及其授权的单位。总之，在经历了长期思想禁锢和经济贫穷之后，知识分子和农民对结社并不具备成熟的经验，加之改革开放之初中国社会组织管理体系尚不成熟和规范，因此在20 世纪 80 年代中国社会组织的发展处于探索时期。①

中国扶贫基金会参与扶贫开发。在这一时期，国家成立了专门机构——国务院扶贫开发领导小组，使扶贫工作步入规范化、机构化和专业化。扶贫类社会组织——中国扶贫基金会于 1989 年成立，成为国内最大的扶贫社会组织，专职扶贫公益机构。中国扶贫基金会的成立，一方面发挥了扶贫方面专门公募基金会的作用，整合扶贫资源和公益捐赠；另一方面，扶贫基金会直接援助贫困社区的弱势群体，直接援助贫困社区的公共设施和社区服务，直接援助为贫困社区中的穷人提供技术性服务的专业人士和组织，为贫困地区、贫困社区和贫困人口的减贫和发展作出了重要的贡献。

官方背景的社会组织参与贫困治理。为了经济和社会发展的共同目标，在国家相关职能部门的牵头和带领下，官办社会组织逐步发展起来并参与到扶贫开发之中，成为诸多社会组织中主要的参与力量。这些官办社会组织参与贫困治理主要是覆盖一部分的地区和特殊的人群，以扶贫项目的形式展开扶贫济困行动。1982 年成立的宋庆龄基金

---

① 刘求实、王名：《改革开放以来中国社会组织的发展及其社会基础》，《公共行政评论》2009 年第 3 期。

会开展扶贫助教项目，主要从事女童助学、建设中小学、儿童流动图书馆、女师范生助学金、师资培训、教师奖励基金等方面工作；1988年由全国妇联发起的"巾帼扶贫行动"，主要围绕妇女科技培训、小额信贷、结对帮扶、劳务输出、女童助学、小型基础设施、妇女保健等方面开展工作；1988年全国残联发起扶贫活动，开展实用技术培训、小额信贷、危房改造、服务社会建设；1989年由团中央、中国青少年发展基金会以救助贫困地区失学少年儿童为目的发起的"希望工程"，主要为失学儿童助学金补助、建设希望小学、教师培训、提供配备教学设备。这些社会组织活跃在农村扶贫开发之中，与政府的大规模有计划的扶贫开发行动形成有效的呼应与配合，弘扬了扶贫济困、助人为乐的传统美德，大力推动了精神文明建设。

国际金融机构参与到贫困治理。1986年开始，中国陆续加入国际金融机构，并从中获得贷款项目，尤其是以世界银行（WB）和亚洲开发银行（ADB）为代表，这些金融机构主要是通过贷款或社区发展项目的形式，从发展经济、消除贫困、保护环境、促进贫困人口发展等方面展开了广泛的合作。

二、社会组织参与贫困治理的发展时期（1994—2000年）

随着改革开放的不断扩大，社会组织参与贫困治理进入了发展时期。1994—2000年这一时期，经济与政治体制的转轨逐步深入，对外开放的程度不断加深，社会阶层结构和利益需求不断分化，对于贫困人口而言，在解决温饱的基础上，对教育、医疗和能力建设等长远发展的目标有了更多的认识。外部开放程度的增加和内部需求的日益高涨，带来了社会组织发展的时代机遇。同时，这一时期贫困形势也有了新的变化，大规模的贫困问题得到缓解，人们从改革开放初期的绝大多数人口赤贫状态转变到了对温饱的追求上。1994 年，扶贫开发历史上第一个有明确目标、对象、措施、期限的行动纲领《国家八七扶贫攻坚计划》正式公布实施，力争用 7 年的时间，集中发挥社会各界的力量，聚集人财物等资源解决 8000 万农村贫困人口的温饱问题。《国家八七扶贫攻坚计划》的实施为社会组织参与扶贫开发提供了良好的政策支持。在此阶段，官方背景的社会组织的项目仍然在继续推行，其中包括青少年基金会的"希望工程"、中国光彩促进会的"光彩事业"、中国人口福利基金会的"幸福工程"、中国儿童少年基金会的"春蕾计划"、中国青年志愿者协会的"青年志愿者支教扶贫接力计划"、中国扶贫基金会"贫困农户自立工程"等多种项目工程形式的扶贫活动，这些项目带动了社会人士及民营企业家的参与，带来良好的社会宣传效应。

国际合作的加强促进了国际组织参与扶贫工作。这里的国际组织泛指改革开放以来各类国际机构（国际组织、国际金融机构、双边机构、非政府组织）在中国开展的与消除贫困相关的活动，包括与扶贫职能部门、其他政府机构、地方政府和各类非政府组织合作实施的各类项目。而且国际社会组织的范围得到扩大，不仅联合国体系的国际组织参与中国扶贫开发，国际非政府组织也不断进入中国。这些组织大多注册在香港或者是以在国内设置项目办公室的形式开展项目支持，主要是提供紧急救援、儿童健康、妇女权益保护、发展产业以及保护环境等。

这些国际组织主要在环境治理和可持续发展、基础设施建设、农村综合发展项目，以及改善公共服务项目、产业开发和扶贫研究等方面开展项目合作。这些国际社会组织主要是在中国贫困程度较深的地区开展项目，这些地区多数处于地理环境和气候环境恶劣地区，如西南大石山区、西北黄土高原区、秦巴山片区贫困山区及青藏高寒区等几类特殊困难地区。其中包括，国际粮农组织、亚洲开发银行在甘肃的治沙项目，亚洲开发银行在河北的高速公路项目、农村扶贫方式试点项目，欧盟及英国海外发展部在云南开展的扶贫项目、在西藏白朗县的农村综合发展项目，国际农业发展基金在宁夏、山西的环保和扶贫项目，日本国际协力银行在甘肃的公路建设项目，世界粮食计划署以工代赈项目、农村综合开发项目，联合国开发计划署在内蒙古、新疆、江西的参与式农村发展和扶贫项目及农村贫困监测系统研究，联合国儿童基金会在贫困地区开展的基础教育项目、远程教育项目、农村安全饮水项目、贫困地区社会发展行动，国际农业发展基金及美慈国际在农村地区开展的小额信贷项目。据国务院扶贫办外资项目管理中心编著的《中国外资扶贫回顾与展望》统计，共有 50 个各类国际组织，从环境治理和可持续发展、基础设施建设、农村综合发展、提供和改善公共服务产品、产业开发和扶贫研究等不同方面的援助项目参与了中国的扶贫开发工作，其中有近 30 个国际（境外）非政府组织用于中国扶贫的无偿资金达到 2 亿多美元。

国际社会组织进驻扶贫领域，无疑为中国扶贫开发输入了新鲜的理念和思想，社会组织逐渐活跃起来。据 1999 年统计，当时在华开展援助项目的国际社会组织约 120 个，项目资金高达 1 亿美元 / 年，成为社会组织开展项目的重要力量。但对于国际社会组织和本土社会组织的发展以及国家对于社会组织的管理，仍然提出了重大的挑战。尤其在 1997 年香港回归之后，原本活跃于香港的国际社会组织纷纷在内地设立办事处，并承接各类政府合作项目，同时带入社会组织项目实施的先进经验。1998 年，国务院进一步出台明确社会团体和民办非企业管理的条例，指出，"社会团体主要是指中国公民自愿组成，为实现会员共同意愿，按照其章程开展活动的非营利性社会组织，而民办非企业单位主要是指企业事业单位、社会团体和其他社会力量以及公民个人利用非国有资产举办的，从事非营利性生活服务活动的社会组织"。这些政策的变更，一方面体现了国家对于社会组织的管理逐步正规化和专业化；另一方面对草根社会组织的生成也提供了重要的契机。这一阶段，社会组织参与扶贫开发的领域更加丰富，组织数量和种类更加复杂，从关注单纯式救济到涵盖贫困研究、社区发展、国际经验交流、慈善等诸多方面。

三、社会组织参与贫困治理的扩展时期（2001—2010 年）

2000 年以后，社会组织正式进入贫困治理参与活跃时期。这一时期，伴随着中国加入 WTO，国内的社会组织逐步与国际接轨，成为全球化中重要的一环，中国对于社会组织以清理整顿和复查登记为管理的主要方式，进行社会团体结构调整。全国各级社会组织管理部门在社会组织管理、创新等方面进行了大胆的探索和改革。2004 年，国务院出台基金会的专门管理条例，并将其从"社会团体"分离成独立的类型，形成社会团体、民办非企业、基金会三种不同的类型。[①] 本书采

---

① 郭珅：《社区社会组织参与社区治理研究》，南京大学 2012 年硕士学位论文。

用的社会组织概念亦是包含这三种类型。

对于社会组织的发展，2001 年《中国农村扶贫开发纲要（2001—2010 年）》（以下简称《纲要》）中更加明确地提出了社会组织参与贫困治理的领域和内容，并提出配套支持性政策。一方面，《纲要》中明确了国内全社会共同参与扶贫开发的重要性，强调了发挥各类社会组织在扶贫开发中的作用，并为此提供支持性政策；另一方面，《纲要》明确了国际社会组织和个人参与到贫困治理之中，将海外华人华侨及各类社团纳入扶贫社会力量之中，并且鼓励以多种渠道和不同方式参与到扶贫开发之中。从国内和国际的两个方面统筹整合社会组织参与到贫困治理之中，并促进扶贫领域的国际合作交流，为国际减贫与发展贡献重要力量。由此，《纲要》的颁发为国内社会组织和国际社会组织在华的办事处等机构发展创造了更好的前景。中国国际社会组织合作促进会专门负责利用国外非政府组织的资金开展扶贫工作，同多家国外非政府组织和国际多边双边机构建立了良好的合作关系，为中国的非政府组织提供了一个交流、沟通和支持的平台。这个平台作为国家对外合作的正式平台，主要是与国外非政府组织及国际多边组织进行筹资和捐助合作，并引导项目资金参与到扶贫开发之中。

2008 年对于社会组织的发展有着特殊而深刻的意义。在四川汶川地震发生之后，社会组织在抗震救灾和灾后重建中发挥了重要的作用，社会组织形成了救灾应急网络，在救灾行动中官办社会组织与国际社会组织、草根社会组织形成良好的分工协作，在应急资源配送、灾民心理干预、灾后重建等灾害联动过程中反应速度快、救援效率高。与此同时，发挥出了极强的行动能力，弘扬了中国社会组织志愿精神和公益力量。大量的草根社会组织兴起并参与到灾后重建之中，从灾区的公共服务提供、灾民心理干预、生计发展等诸多方面做出了重要贡献。这一重大事件之后，国家社会组织管理局设立社会组织改革创新观察点，鼓励、支持有条件的地方积极探索、大胆实践，创造出更多的新举措、新办法、新经验。社会组织在国内的行动实践基础上，不断总结提炼形成新模式，对其他发展中国家贫困地区提供了援助的理论和经验，促进了扶贫开发作为一种大国友好外交战略的形成。通过一系列的会议，推动千年发展目标在发展中国家，尤其是在非洲地区的进程。中国社会组织对外开展扶贫开发项目，在非洲多国建立减贫合作中心，推动减贫战略的国际化。

四、社会组织参与贫困治理的稳定时期（2011 年至今）

2011 年出台的《中国农村扶贫开发纲要（2011—2020 年）》，对全面推进扶贫开发工作提出了更高的新要求，更加完善了扶贫开发的理论依据，提出："鼓励社会组织和个人通过多种方式参与扶贫开发。积极倡导扶贫志愿者行动，构建扶贫志愿者服务网络。鼓励工会、共青团、妇联、科协、侨联等群众组织以及海外华人华侨参与扶贫。"在2013 年中共中央办公厅、国务院办公厅印发的《关于创新机制扎实推进农村扶贫开发工作的意见》中提出，鼓励引导各类企业、社会组织和个人以多种形式参与扶贫开发。经过了改革开放以来 40 多年的探索，社会组织的发展和扶贫开发都有着规范化和专业化的管理机制，社会组织在参与贫困治理的过程中，不断成长，不断积累经验，为政府扶贫开发做出了重要补充，并探索出参与式扶贫方式，积极引导发挥贫困人口的主观能动性。

第二节　部分国家社会组织参与
农村贫困治理的主要做法

　　贫困问题是全球性的社会问题，不论是发达国家还是发展中国家，都在经历着绝对贫困和相对贫困，其中在许多国家，除了政府扶贫资源之外，社会组织是贫困治理的一支重要的力量。国外社会组织在反贫困领域做出了积极的探索和创新，为中国扶贫开发提供了经验借鉴和启示。NGO 在全球的高速发展是全球化趋势下治理秩序的革新，NGO 通过自身区别于政府和市场主体的优势广泛参与到扶贫济困、环境保护以及弱势群体救助等领域，对全球治理活动产生了重要的影响。一些国家社会组织参与本国的贫困治理，并且对外援助其他国家开展援助项目，超越了国别、民族，成为构建全球减贫发展网络的重要节点。本书选取了部分国家社会组织参与到应对贫困问题中的实践案例，主要包括发展中国家和发达国家的一些探索经验，如孟加拉国、印度、菲律宾、美国、德国、日本、法国等国家。

一、孟加拉国——"小额信贷"模式

　　孟加拉国是世界上最贫穷的国家之一，人口密度较大，1991 年人均收入约为 200 美元，半数以上的人口生活在贫穷之中。最不幸的阶层包括小农户、农村无地劳工以及城市非正式部门的工人，据 2014 年统计，该国贫困率为25.5%，极端贫困率为12.8%。医疗卫生、营养和教育水平极低，尤其是妇女和儿童。绝大多数穷人因缺少技术、财产和不能获取信贷，其收入来源严重受制。由于有限的自然资源、高人口密度和频繁的自然灾害，政府在预算、技术和行政管理方面的限制会影响目标规划，政府始终鼓励非政府组织更积极地参与这一工作。孟加拉国现有约400个非政府组织在运作，另有12000个自愿社会福利机构。他们通过提供信贷、培训、初等教育、基本医疗服务、营养及计划生育设备，为穷人特别是为妇女提供帮助。大多数非政府组织的工作已经由紧急援助转向开发型项目，特别是转向那些可改善农村地区就业和收入的项目。

孟加拉国创立了非政府组织反贫困领域的独特金融模式——小额信贷模式，尤努斯被誉为"小额信贷之父"。在小额信贷兴起之初，尤努斯就秉承着人群和穷人的可持续发展理念，在1983年创建格莱珉银行（简称GB），从重视穷人的能力提升和参与机会来为其创造发展的可能，同时结合金融政策的普惠性与贫困群体的特殊性，让所有的群体都能够在小额信贷中受益，从农村社区基层推动经济社会的发展。在当前世界减贫事业中，格莱珉银行的金融小额信贷模式仍然是不朽的传奇，其经验和模式在欧美发达国家以及诸多发展中国家被复制和改良，取得良好的减贫效果，促进了上亿家庭的生活改善。

小额信贷模式的运作特点及目标定位在于帮助穷人，分布地区主要集中在农村地区，贷款模式是不需抵押的小组联保，每周还款，贷款年利率为20%，这些运作使得信贷模式可持续。在多年的探索中，格莱珉银行从起初的小额贷款和少量借贷人数逐步积累了超过926万的借款人，其中96%为妇女，累计放贷超过295亿美元（数据截至2019年）。

从起初的帮扶穷人到实现了减贫和组织机构的财务可持续的双重目标。

小额信贷解决了穷人借贷中的几个关键问题：

一是贷款门槛的问题。通常金融借贷是建立在抵押的基础上，金融机构对有能力偿还贷款的借款人进行征信评级和授权。而穷人本身不具备较好或者较多的抵押物品，常常被排除在贷款接待范围之外，形成一种循环，越是贫困越是不能获得贷款资格，不能获取贷款资金，就无法增加生产和生活资金投入，于是继续陷入贫困状态。而格莱珉银行降低贷款的门槛，取消了抵押，使穷人获得了贷款的机会。

二是信用问题。通常来讲，抵押是为了防范信用风险而产生的，在资本市场的惯性思维中，穷人被排除在借款人范围之外与穷人信用问题也有一定的关系。大众文化对穷人有一定排斥，在借贷机会上认为穷人是缺乏信用的，无产者无恒心。为了打破这种惯性思维和对穷人的信用问题产生一定的约束，格莱珉银行的小额信贷模式探索出了一种小组贷款机制，其中联保制度是核心，小组成员之间承担连带担保责任。首先，申请人（主要为妇女）必须加入一个 5 人小组，然后 10 人组成大组，在小组成员的讨论中获取贷款人的潜在借款意向和还款能力，借款采用"个人自用自负"原则，借款人为自己所借贷款负责，按时按期还款。联保制度在发生违约责任时发挥作用，个人发生不良信用记录时将会影响到小组其他成员。这一机制使借贷人小组之间建立了利益联结，形成利益共同体，为借贷机构降低了违约风险，增加了资金的流动性和可持续性。这种小组贷款模式可以将小组成员之间结成利益共同体，节省了选择贷款对象的时间，通过逆向反馈来确定贷款对象，并运用借款人之间的道德约束力作为还贷的一种风险控制手段。

三是利率问题。利率搭配是小额信贷模式可推广性的重要保障。小额信贷的利率可以高于或低于银行商业贷款利率，如给乞丐的贷款利率是零。小组贷款通过资格传递的次序贷款模式成功地规避了还款风险，并从差异化利率中获得了组织的生存空间，乡村银行盈利逐年递增。

四是还款模式。采用"整贷零还"的方式还款。这种还款方式主要是为格莱珉银行增加资金流动性和还款保障，一般短期借款期限为一年，要求借款人在一年中分期等额还款，后期实践过程中逐步改良，实现灵活贷款模式，使借款人可以申请延期或者改变还款期数。

格莱珉银行的小额信贷探索主要贡献在于探索出了一条将金融与扶贫相结合的道路，并且兼顾社会责任与组织营利目标，实现二者的共赢。但这种乡村银行的模式在前期实施中，对于金融信贷流程及政策的普及需要花费大量的人力，并且在手续流程等方面需要配套相应的服务咨询等内容，才能保证小额信贷项目的顺利开展。

二、印度——"非政府组织推动农村发展"

印度自1947年独立之后，为服务于国家建设，政府设置了NGO。自此NGO不断扩大范围，印度成为非政府组织发展较好，并且具有较高组织化程度的发展中国家之一。根据印度中央调查局的保守估计，在印度各地已经有200万个非政府组织在运作，印度很可能成为对非政府组织充满机遇的地方。[①] 印度是一个相对落后的国家，人口约占世界的14%，而贫困人口占世界总贫困人口的37.6%，其中1993—1994

---

① 《印度非政府组织蓬勃发展 保守估计有200万个非政府组织在运作》，印度社会栏目，印度中文网，http://www.indiancn.com/news/shehui/25146.html。

年期间，印度的贫困人口达 3.2 亿，贫困人口大多居住在农村。为此，印度专门成立了农村发展部，注重农村发展和扶贫工作，主要负责农村扶贫计划、农村地区饮用水的改善、乡村卫生改善、社会救助事业、农村教育事业、农村就业保障、荒地综合开发以及电力水利等基础设施建设等。农村发展部形成一整套的行政运作体系来促进农村扶贫工作的开展。

印度非政府组织在扶贫中的参与是多种因素的结合。政治因素是促进印度非政府组织发展的重要方面，在结束殖民统治之后，印度执政党为了体现政府的慈善和人性化，推动一系列的公共物品和基本公共服务的改革。在拉吉夫·甘地的组织带领下，非政府组织迅速兴起，并推动参与农村建设性发展计划，比如在基础设施、公共医疗、基础教育、农业推广，以及改变贫穷者身份标签等方面积极参与，创造出自力更生、自治和自给自足的乡村社区。甘地和平基金会、印度土布和乡村工业委员会（KVIC）[①]、乡村发展志愿者协会（AWARD）分别制订了五年的计划，大力支持印度土布行业以及乡村工业，并给予特殊的免税政策。随着政治选举的变更，经济形势急转直下，物价上涨、粮食短缺、工业经济发展停滞，失业率增加并且导致广泛的腐败，贫困问题越发严重。到 20 世纪 90 年代，在新自由主义全球化的背景下，世界银行和国际货币基金组织（IMF）通过扩展市场和市场参与者作为贫困问题的解决之道。世界银行认为，非政府组织会给穷人带来"声音"，促进公共部门的透明度和问责制；鼓励公私合作和参与式方法，在社区层面培育社会资本，并帮助控制不良影响。20 世纪末期，印度

---

① 印度土布和乡村工业委员会是保护和鼓励印度土布和乡村工业的非政府组织。

采用结构调整政策，加强与国际组织的合作，国家从政治生活的中心逐渐回归到社会福利领域。

印度非政府组织参与扶贫有着强有力的政策背景支持，在印度的第七个五年计划（1985—1990 年）中明确提出要将非政府组织纳入国家发展计划当中，每年投入 50 亿美元交付给非政府组织使用，允许非政府组织在农村发展中承接政府项目，与其他慈善团体合作，并且允许非政府组织加强社区动员，整合乡村地方资源，监督地方官员的行动。这个计划对于非政府组织参与贫困治理提供了坚实的基础。20 世纪 80 年代以后，政府直接以项目的形式资助非政府组织，并将其正式纳入国家发展计划之中，其中具有较好效果的项目主要包括家族基金会项目、印度自我就业妇女协会、乡村综合发展项目、全民扫盲运动、乡村供水计划项目、非正规教育项目等。印度官方数据显示，非政府组织参与的主要范围与一些国家重大事件相关，比例最高的参与领域是自然灾害，主要是海啸，占比为 17.6%，公民问题占比为 12.5%，健康问题占比为 11.2%，环境问题占比为 9.9%，政治法律问题占比为 8.8%，与非政府组织管理和问责相关的问题占比为 9.3%，儿童相关的问题占比为 6.9%，妇女相关的问题占比为 5.1%，其他相关的问题（包括动物的权利、残疾人的权利、名人事件和同性恋等）占比为 15.5%。[1] 到 20 世纪 90 年代以后，非政府组织在经济社会发展中的影响力逐渐增大，政府与非政府组织的关系走向制度化和规范化，非政府组织得到政府的直接资助，开始在印度各地乡村建立分支机构，促进非政府组织的活动和项目能够覆盖到更加偏远的贫困地区。

---

[1] Rebecca de Souza, NGOs in India's elite newspapers: a framing analysis, Asian Journal of Communication, http://www.tandfonline.com/loi/rajc20.

三、菲律宾——"政府与 NGO 合作扶贫"

菲律宾的社会组织始源于罗马天主教会，并在教会改革中重新定位组织的发展意义，从纯粹的教义传播者和提供社会服务的机构角色转变为推动社会变革的机构，转向解决社区的基本救助和贫困问题。菲律宾的贫困问题一直比较突出，人口密度和基数大，农村贫困人口多，经济落后。早在 1906 年，菲律宾还是美国殖民地时，殖民当局颁布了《菲律宾社团法》，以立法的形式规范菲律宾的社会组织。政府设立专门的扶贫机构"国家反贫困委员会"，协调政府扶贫工作，并具备层级性行政体系，但除了政府部门的扶贫行动之外，社会团体和非政府组织也承担了大量扶贫开发的工作，他们承接政府和国际社会组织、基金会的项目，吸收国内外的先进经验。在 20 世纪 90 年代，这些组织在国家经济政治社会发展中发挥了重要的功能。

菲律宾是拥有全球第三多非政府组织的发展中国家，其国内的非政府组织发展良好，组织完备。从 20 世纪 50 年代开始，菲律宾政府推行农村发展计划，其中将动员社会力量成立社会组织作为重要举措之一。如 FCA（农村合作社）、PRRM（菲律宾农村重建运动），其中农村重建运动最为声势浩大，通过"农村重建男子协会"开展社区农业发展项目，通过"农村重建妇女协会组织"开展公共医疗项目，与此同时还成立"农村重建青年协会"，主要进行社区教育发展和公民责任感建设。另外，在这些协会的带领下又自发成立了农会、合作信贷协会、乡村卫生机构以及扫盲学校等，促进社区基层的自治。

在 20 世纪 70 年代，菲律宾的社会组织从反对政府的整治行动中萌发。这一时期贫困问题引发诸多社会矛盾，成为当时菲律宾政治社会动荡的主要诱因，起初社会组织主要从事公共教育和宣传人权平等以及解决环境问题等，随着政治权力的更替，社会组织逐渐从社会运动转向为对农村贫困问题的关注，如农村合作社开发、卫生教育和农业生产、农民生活等方面，将活动的范围推广到土地改革以及农村基层自治等具体内容上。这一时期，社会组织经历了变更衍化，从慈善取向转为发展取向和授权取向的多样化类型。在1987—1992年，社会组织正式进入国家规划，并明确指出社会组织与国家努力发展合作伙伴关系。1987年，鼓励建立和推动非政府组织的发展以及以社区为基础的人民组织的建立被写入菲律宾宪法。[①]1990年，社会组织的合作网络组织成立，由10个国家级社会组织形成发展决策委员会，活动范围涉及抗灾救灾、社区福利项目、社区社会组织建设、教育事业、实用技术培训以及环境倡导行动等。

在非政府组织与政府合作的项目过程中，非政府组织根据自身的组织特色开展相应的活动，主要是加强贫困人口的技术和信息短缺问题，开展技术传授和市场推广以及政策宣传。在发展类项目中，加强与社会基层组织的沟通合作，从规模较小的区域开展本地化的项目。在合作主体上，社会组织与政府和市场主体有机结合，引入市场机制，对贫困人口开展部分有偿服务和金融贷款利率浮动，允许非政府组织在其中盈利，但必须接受政府审计和督查部门的监管。

四、德国——"NGO 防灾减灾应急救助"

德国是世界上典型的工业化带动农村发展的模式。第二次世界大

---

① 施雪琴：《菲律宾的非政府组织发展及其原因》，《南洋问题研究》2002年第1期。

战之后，德国政党基金会赛德尔基金会倡导"等值化"理念，希冀通过整合土地资源和村庄建设等方式实现农村的工业化，以此减少农村人口大量涌入城市，创造农村高质量的生活，并将农民留在土地上。德国社会组织参与到扶贫最具有特色的是灾害救助领域。

防灾减灾社会化是德国灾害救助的重要特色，防灾减灾志愿者服务网络是德国公民保护体系的支柱。目前，德国8280万人中约2300万人是志愿者队伍成员，其中义务服务时间超过各类灾害预防救援标准的志愿者超过180万人，这些志愿者主要来自德国工人助人为乐联盟（ASB）、德意志生命救助协会（DLRG）、德国技术援助署（THW）等公民保护服务组织。其中，德国技术援助署救援范围覆盖多个灾害种类，专门从事国内外灾害救灾抢险工作，由800名专职工作人员和8万名志愿者组成。志愿者在管理和培训、装备配置标准化、装备物资管理和维护等方面具有丰富的经验积累，志愿者均接受过专业的救灾知识技能培训、减灾知识宣传以及灾难救助工作等方面的训练，主要包括医疗救助、通信维护、海事救援、技术援助、照明设备、水质净化及其他辅助类领域。

德国在防灾减灾网络的基础上形成了各具特色的非政府组织，政府组织在应急抢险中主要负责制订计划，并通过与非政府组织签订互助合作协议等形式，明确在灾害救援中的分工和义务。具体的操作模式为：一是政府部门制订应急救援计划，并配套财务部门拨发财政款项，将社会组织、社区互助组织、志愿者团队都考虑在应急网络组成成员之中，纳入应急管理框架，共同提高灾害应急能力。二是非政府组织在明确责任义务之后，分工协助政府开展防灾减灾工作，提供相应的人力物力以及智力支持，组织开展自救和互救行动。三是对非政府组织中的参与救灾人员开展紧急救助的专业知识培训，加强应急能力建设。以红十字会组织为例，30 余万志愿者都经过专业应急和救助训练。这些应急和救助训练对于救助现场是十分有效的，当救助志愿者了解这些专业知识时，面对灾害现场的事件，会做出最迅速的反应，知道该怎么做，该做什么，从而提高救助的效率，也可以组织带动其他人紧急参与。四是非政府组织在政府应急决策议事机构和协调机构中的参与，在机构设置中议事和协调机构必须由政府官员、社区自治组织、非政府组织、志愿者代表等多主体组成，建立信息共享和联络的平台，从而避免混乱无序。五是灾害预警系统和危机信息系统的建立，这些信息在灾害发生之前、灾害中和灾害后都有重要作用，集中向社会和个人宣传灾害预防和救助的办法，是防灾减灾的重要步骤之一。

五、日本——"综合性农业协会"发展模式

日本综合性农业协会的前身是农业合作社，日本 1900 年产业合作法颁布后在各级村镇建立，"二战"后农业合作社组织逐渐壮大，成为经济经营实体，并逐步参与到政治生活之中，代表农民政治和经济权利。这种综合性的模式符合日本当时国情和农民农业生产的需求。随着经济的不断发展，农业协会的体系逐渐完善，不仅覆盖金融和流通、农业生产等领域，同时对农户的生产全程和生活方面提供服务。这种模式实际上是一种与政府政策和市场制度高度嵌入的形式，发挥着制度性功能，如政策宣传和农业政策的制定等。综合性农业协会在本质上是一种半官半民的身份，与纯粹的非政府组织相比，它与政府的关系更加密切，获得政府的资源支持更加丰富，换句话说，综合农协成为日本政府推行农业政策的有力工具。

农协的建立和作用发挥主要是建立在以下几个因素的基础上：

一是组织基础。综合农协的组织基础在于服务，一方面为农户提供生产和生活方面的各类服务，另一方面服务于政府的农业政策。农户会员能够在参加农协之后，运用自身的土地、人力、资本等生产要素进行自我决策，从而实现自治。

二是经济基础。综合农协的资金来源比通常的非政府组织更加广泛，包括会员的入会资金、政府的财政拨款等。农林水产省通过政策资金对全国农协进行财政扶持，县一级再根据当地具体产业需求情况对县一级的农协组织进行扶持。

三是政策基础。日本政府在帮扶农民的措施中并不直接干预农民和提供资金援助，而是依靠农协来推动农村运动。在政策上支持农村"一村一品"的产地建设，并以农林牧渔和加工作为附加产业增加产品的附加值。在流通环节提高农协的能力，农业专门学校培育指导员，并且建立资格认定制度为农协提供专业的人员。对农协开放各类政府免费学习班，以提高会员的受教育水平和技术知识水平。在经营性贷款方面，政府提供贴息和优惠利率来吸引存贷款，并且农协成为贷款中间信息平台。日本综合性农业发展协会是发达国家农村建设的典型模式，也是帮扶农村发展的重要可借鉴经验。

六、法国——"非政府组织推动农业旅游"

法国是欧盟农业生产第一大国，也是世界粮食的主要出口国，粮食产量占欧盟的约三分之一，农产品出口量也居世界第二位。非政府组织在法国农村和农业发展中也有较为广泛的参与，其中在带动农村旅游业的发展方面具有较好的代表典型作用。

第二次世界大战之后，法国农村面临着空心化和老龄化局面，与城市发展速度相比，农村发展极度不平衡。早在1955年，议员们就提议在发展农业的同时创新发展旅游业，并在东南部地区进行试点，继而逐渐流行。法国的农业旅游项目主要分为美食类、休闲类和住宿类三种，其中包括农场客栈、农产品农场、教学农村、骑马农场、探索农场、狩猎农场、露营农场、暂住农场和点心农场九类具体操作模式。但总体而言，这些旅游项目都是在非政府组织和政府的共同协作下管理运作。法国NGO带动农业旅游模式主要是通过旅游行业协会、社区社团组织以及商会联盟来进行行业自我规范管理。在农业旅游项目发展之初，农村旅游行业协会便应运而生，协会接受政府的监督与指导，并且完善行业规范和质量服务标准，在保护环境和带动农业发展的前提下实现乡村农业旅游的可持续发展。早在1954年，法国农家旅舍网建立，相应的各类农业协会、渔业协会、旅游推广等中介组织相继产生，从而推动了农业旅游经验交流、人才培养和信息宣传。

21世纪以来，法国的农业旅游从业人数不断增加，农业旅游的消费收入也不断攀升，与政府主导的乡村发展模式相比，非政府组织带动乡村发展的模式需要具备许多先验性条件：一是行业协会的发展程度和乡村从业组织的自律程度，这是非政府组织发展乡村旅游的基础；二是政府强大的支持，比如在宏观旅游政策和税收优惠等方面的支持，以及对行业协会的指导与管理；三是配套服务的完善，如旅游从业人员的培训、市场宣传和信息平台的建立，都需要具备相对成熟的条件才能够完成。只有多个主体相互配合，产业产生集群效应时，非政府组织带动的旅游发展模式才是高效和有借鉴价值的。

第三节　中国社会组织参与
农村贫困治理的基本特征

社会组织参与贫困治理的历程是一个复杂动态的过程，既与自身的发展环境密切相关，又与贫困地区的政策变化相关，介入的空间不断地变化，但总体上经历了由单一到多元、由被动到主动的过程，这些变化的特征是社会组织促进治理体系现代化和贫困研究体系化的重要参考。

一、参与形式：由单一主导逐步转向多元共存

从社会组织参与贫困治理的发展轨迹来看，在 20 世纪 80 年代，贫困治理中社会组织的范围不断扩大。20 世纪 70 年代前后，在社会组织形式单一的情境下，政府体制内衍化的社会组织开展物质帮扶，之后逐步演化为与国际组织合作，这种合作由联合国系统逐步延伸到国际金融机构和国际非政府组织。进入 21 世纪之后，随着社会组织管理制度的不断完善，社会组织得到了很好的发展，此时草根社会组织不断涌现出来，这是社会组织本土化的重要表现，这种由单一政府主导逐步向社会多元主体共存的参与模式，主要受两个方面因素影响。

一是组织外部环境的变迁。从 20 世纪 80 年代开始，国家对于贫困问题的重视程度较高，由政府通过行政体制的任务分配安排，官办社会组织具有较强的动员和参与能力。群团组织和官办社会组织是政府与困

难群众联系的重要桥梁和纽带。随着社会组织管理政策的不断演进，社会组织资金来源更加多元，由原来单一的政府提供资金支持，逐步演变为国际社会组织、国内基金会等多元主体提供资源，促进了本土社会组织的成长，同时也增强了社会组织参与到贫困治理的广度和深度。

二是贫困地区公共产品需求的增大。贫困地区本身发展基础较弱，社会服务体系不如城镇或者发达地区完善，但随着人口的流动，人们对于生活的贫困理解不再局限于物质上的缺钱，而是扩大到缺技术、缺能力、缺知识等方面，提供物质资金的难题在于贫困人口对于脱贫的需求和服务供给需求之间的矛盾，如何应对贫困地区和贫困人口庞大而多元化的需求成为扶贫开发工作的重大挑战。

二、目标演进：由物质帮扶逐步转向能力提升

随着国家反贫困政策的实施，在 20 世纪 80 年代的大面积贫困得到抑制，绝对贫困有效减少，但绝对贫困与相对贫困，区域性贫困和个体性贫困等诸多贫困状态并存。原有的物质帮扶已经不能满足多维贫困下的需求状况，社会组织参与反贫困的探索从服从于政府安排到逐步项目自主。在救济式扶贫阶段，社会组织主要进行筹款筹物以及物资派放等工作，随着社会组织自身的性质和特征的变化，非政府性特征逐渐凸显。参与的形式也逐渐灵活多样，从参与开发式扶贫到以工代赈，积极探索适合穷人发展的小额信贷模式，在移民搬迁和参与式整村推进过程中发挥了社会组织动员社会资本的功能，推动了扶贫模式的逐步演变。随着国际社会组织理念的引入以及国际减贫合作的深入开展，贫困治理更加注重社区的全面综合发展和可持续发展问题。国际社会组织带进中国的新理念和项目中具有较大影响力的主要是：社会组织与第三部门、

草根组织生成、参与式项目运作方式、村级能力建设、环境可持续与本土文化、小额信贷、弱势群体帮扶等方面，旨在推进基层的善治。由此，社会组织关注的不仅是村民物质生活、生产条件的改善，更进一步关注项目前后村民在社区的行为方式、村庄内部村民自我管理和自我发展能力的变化，以及村庄弱势群体的权利是否得到保障等。通过村民在项目中的参与提高个体的发展能力，从而弥补知识能力不足的缺陷，开展各种实用性培训项目，从教育和科学理念方面改变贫困人口的文化和行动能力，将大量浅显易懂、适合社区基层作业的技术推广应用，从能力角度为贫困人口的脱贫贡献力量。

三、动力变迁：由被动参与转向主动参与

社会组织参与贫困治理的过程，从计划经济时代的政治使命和任务方式，逐步转变为各个社会组织积极参与到社会建设与社会治理的重要方式。社会组织的被动参与主要体现在参与初期，主要是政府选择的结果，政府在社会组织的成立以及资源支持等方面设置诸多的条件，官办社会组织成为政府扶贫开发唯一授权的机构，并行使其权利开展扶贫工作，此时的参与呈现出被动参与的态势。在国际社会组织进入阶段，由于国外非政府组织理念和先进项目管理经验的影响，国内社会组织的发展潜力被挖掘出来，同时随着制度空间的增大，社会组织得到了国际组织的资源和经验支持，参与动力逐步开始主动起来。在市场经济发展的条件下，社会组织也不断获得了从市场获取资源的空间和渠道，一些公募和私募基金会开始不断地参与到贫困治理的领域。在社会和市场的不断推动下，社会组织主动参与到扶贫开发中来，与此同时，政府也不断调整自身在扶贫开发中的角色定位，通过购买

服务和加快职能转变，以及官办社会组织逐步实现独立运作，这些都为社会组织的参与创造了良好的空间。此时，社会组织实现了主动参与，能够运用自身的资源介入扶贫空间。

四、模式变化：由实践探索转向制度推进

社会组织不断地参与到贫困治理中，从在基层社区的项目深耕细作的实践中，不断总结和提炼自身的核心竞争力和满足多样化需求，寻求与政府和媒体的合作，扩大影响力和宣传平台，并不断参与到制度建设和政策推进过程之中，建立起公共沟通的平台。改革开放以来，中国扶贫开发主要是通过社会结构的调整来实现，在农村实施扶贫开发和低保制度两项重要的政策。社会组织不断发展壮大，形成了较为完整的体系和分工，一部分社会组织从事实践探索，在模式上进行创新。另一部分社会组织从制度入手，建立独立的研究部门，从实践中总结经验，并且通过一些正式平台的建立有意识地结成社会组织社会支持网络，促进社会组织的再组织化，结成联盟关系来获取资源信息、弥补技术不足或者获取伙伴组织的项目支持。这些支持网络具有很鲜明的目标和特征，它们以促进政策制定和实践探索为主要目标，在组织的类型上具有多元化的特征，这些组织来源于不同的领域和区域，具备共同的价值理念，在工作手法和实践模式上拥有自身的独特探索，深耕于实践的土壤，有利于出台政策的完备性。社会组织支持网络对于贫困问题的理论和实践研究，为社会组织实践提供先导经验，并且以智库的形式提交给政府部门，推动扶贫领域的政策制度变革。这些研究支持项目得到各类组织的支持，包括政府部门、官办或国际社会组织，以及一些关注

贫困问题的基金会等。同时，中国社会组织探索"走出去"战略，积极促进国际社会组织的双边合作关系建立，加强与国际其他组织的联系和交流。

五、机制更新：由项目单行转向合作联动

项目制是政府和社会组织开展扶贫活动的重要手段，在贫困地区公共产品供给过程中，社会组织从过去的单打独斗向更多的合作交流转变已经成为一个明显的趋势。一是社会组织与政府之间建立起一种取长补短的平衡关系和合作关系。政社关系和政企关系在新的公共服务供需环境下得到有效改善，市场和社会组织成为治理的主体之一参与到公共事务之中，促进政府职能的转变和完善，在承接政府转移的部分公共职能的同时，发挥自身的角色优势和资源优势，提高贫困领域公共产品的供给效率，释放了市场和社会组织的积极性。[1]二是本土社会组织与国际社会组织之间建立合作关系。国际社会组织对外援助是20世纪80年代中国社会组织发展的重要带动力量，国际组织要在中国活动和执行项目，需要以一定实体的形式在境内建立活动的代理点，并且通过进一步的委托代理关系来寻求中国国内的相关组织和机构合作，保证项目执行的顺利进行。三是社会组织之间的合作关系。这种合作关系是基于社会组织之间的工作范围和领域上的互补，如培训支持、生计发展、社区建设、服务支持以及研究等方面的组织分工，互相传递资源和信息，达成一种资源共享的平台，并促进社会组织自我管理体系的完善。

---

① 马万里、李齐云：《公共产品多元供给视角下的财政分权：一个新的分析框架》,《当代财经》2012年第6期。

第四章

社会组织参与农村贫困
治理的主体类型与运行机制

第一节　社会组织参与农村扶贫的
内容及组织类型

　　社会组织参与中国农村贫困治理已有 30 多年的历史。自 20 世纪 80 年代国家正式启动有组织、有计划、大规模的扶贫开发以来，社会组织就是其中一个重要的参与主体，作为社会扶贫中的支柱性力量而存在。社会组织既包括来自境外的各类组织，也包括中国本土的社会组织。后者又包括官方背景较深的社会组织和自下而上的草根社会组织。据不完全统计，在所有的社会组织中，有 20% 的社会组织直接或间接地参与了中国农村的贫困治理。"八七"扶贫攻坚期间，NGO 和准 NGO 的贡献率超过 28%。[1] 在 30 多年的减贫历程中，社会组织对中国的减贫事业做出了重要贡献。然而，社会组织扶贫在中国贫困治理战略体系中仍处于边缘性地位，整体形势并不乐观。这既与国家政策设置不足和体制机制不完善密切相关，也与社会组织自身发展水平和整体发展环境仍需提升有关。

　　党的十八大以后，中国进入了社会治理和扶贫开发的新阶段。一方面，社会治理改革推动社会组织管理制度和机制日益规范化，进一步激发出社会组织新的发展活力；另一方面，国家提出要更为广泛、

---

① 何道峰：《中国 NGO 扶贫的历史使命》，2001 年湖南在线，http://hunan.voc.com.cn/。

更为有效地动员社会力量，构建政府、市场、社会协同推进的新扶贫开发格局，在全国范围内整合配置扶贫开发资源，形成扶贫开发合力。国家农村减贫战略包容性增加，对边缘性扶贫主体支持力度增大，各扶贫行动主体（政府、社会组织、企业）地位趋向平等化发展。在新的发展阶段伊始，通过系统研究梳理不同社会组织在农村贫困治理中的行动特点和行动机制，有助于加深对社会组织扶贫的认识和促进社会组织扶贫机制的完善。

社会组织参与农村贫困治理是相对于政府组织的贫困治理而言的。一般认为，社会组织参与农村贫困治理指社会组织这一行动主体在中国境内针对社会弱势群体所提供的各种救助、开发以及社会服务活动。随着中国经济的发展和社会的进步，规模日益庞大的社会组织参与农村贫困治理活动日益增多、范围日益扩大。从社会组织扶贫涉及领域来看，社会组织参与农村贫困治理集中在教育、医疗卫生、环境保护、宗教文化等领域，涵盖了救灾、扶贫、安老、助孤、支教、助学、服残、助医等方面；[1] 从社会组织扶贫开发活动来看，社会组织参与扶贫开发包括了生存扶贫、技术扶贫、教育扶贫、幸福工程、人口扶贫、合作扶贫、实物扶贫、环保扶贫等内容。[2] 另外，随着国外社会组织在中国开发扶贫活动日益增多，国外社会组织参与农村扶贫已成为中国扶贫开发的重要内容。国外社会组织参与农村贫困治理除了以上提出的内容外，还涉及性别平等、社区建设、民族文化保护等方面。

---

[1]　匡远配、汪三贵：《中国社会组织参与扶贫开发：比较优势及发展方向》，《岭南学刊》2010年第3期。

[2]　王名：《NGO及其在扶贫开发中的作用》，《清华大学学报（哲学社会科学版）》2001年第1期。

　　总体来看，当前社会组织已广泛地参与到中国扶贫开发的各领域之中。同时也需要看到，不同类型或性质的社会组织在参与农村贫困治理中各有侧重，既包含了贫困地区经济发展和贫困人口收入提高的经济收入层面，也包含了改善贫困地区基础设施和贫困人口生活条件的物质层面，还包含了提升贫困人口自我发展水平的能力建设层面。

第二节　社会组织参与农村贫困治理的
行动类型及特点

改革开放以来，中国社会组织获得了快速发展，但是相关的法律法规以及管理机制仍需健全，人们对社会组织的认识需要进一步深化，实践界和学术界对于社会组织的分类仍未取得共识。这也给参与农村贫困治理的社会组织类型划分增加了难度。

一、社会团体、民办非企业单位和基金会

根据官方广义的社会组织划分，参与农村贫困治理的社会组织类型可以分为社会团体、民办非企业单位、基金会三种类型。

社会团体，简称"社团"，属于会员制社会组织。根据中国1998年颁布实施的《社会团体登记管理条例》，社会团体的定义是：中国公民自愿组成，为实现会员共同意愿，按照其章程开展活动的非营利性社会组织。按照性质和任务，社会团体包括了行业性团体、学术性团体、专业性团体和联合性团体。社会团体是改革开放之后中国最早发展的一类社会组织，改革开放以来不断发展壮大，已成为中国社会组织中数量最多的类型，因而也是参与农村贫困治理中数量最多的社会组织类型，在农村扶贫开发中发挥着重要的作用。例如妇联、工会等具有社会团体性质的社会组织开展着具有重要影响的扶贫活动。

民办非企业单位是中国近年来发展较为快速的社会组织类型。根据《民办非企业单位登记管理暂行条例》，民办非企业单位是指企业事业单位、社会团体和其他社会力量，以及公民个人利用非国有资产举办的，从事非营利性社会服务活动的社会组织。与其他类型社会组织相比，民办非企业单位的独立性、自主性较强，非营利色彩较为突出，在参与农村贫困治理中集中于就业领域，且更多运用的是市场机制手段。例如北京富平职业技能培训学校在促进贫困人口技能培训和实现就业方面形成了富平模式。①

基金会作为社会组织中比较年轻、数量有限的一个群体，因其特殊的属性和治理特征，成为公益事业乃至社会组织发展的重要资源中心，在社会组织参与农村贫困治理中发挥着重要的作用。根据中国《基金会管理条例》，基金会是指利用自然人、法人或者其他组织捐赠的财产，以从事公益事业为目的，按照本条例的规定成立的非营利性法人。随着基金会的快速发展，当前国内已出现一批致力于农村贫困治理的基金会，例如中国扶贫基金会、友成企业家扶贫基金会、青少年发展基金会、南都公益基金会等。这些基金会有的不仅直接参与了农村贫困治理，而且还积极为培育和发展其他社会组织起到孵化器的作用。例如，中国扶贫基金会的公益同行项目、南都公益基金会的机构伙伴景行计划项目等。

总体来看，以上将社会组织划分为社会团体、民办非企业单位和基金会主要是根据社会组织自身的结构属性和特质，尽管能够较好地阐述各类社会组织自身特质之差异，但毕竟是从社会管理，特别是社

---

① 哈晓斯、李天国：《为贫困农民架起就业之桥——北京富平职业技能培训学校探析》，《中国劳动》2003年第5期。

会组织管理的角度来进行划分的，在参与农村贫困治理的行动特点上并不能表现出明显的差异性。根据社会组织参与农村贫困治理的作用和影响，下文将参与农村贫困治理的社会组织划分为官办社会组织、草根社会组织和国际社会组织。

二、官办社会组织、国际社会组织和草根社会组织

改革开放以来，中国社会经历了快速转型时期，其特点是政府由"全能主义"特征向"服务型"转型，市场机制的发力同时扩大了社会发育的空间，并引入了国际技术和国际组织。这些变化的累积使得中国社会正在形成一个由几乎是国家唯一控制的"全能"体制进入国家（政府）、现代市场与公民社会三方并存、互动的新格局。在转型中国的背景下，伴随改革开放和国内社会发育，参与到农村贫困治理的社会组织主要有三种类型，即政府转型背景下形成的官办社会组织、社会不断发育过程中成长起来的草根社会组织，以及对外开放过程中进入的国际社会组织。

（一）官办社会组织参与农村贫困治理

作为政府改革和政府职能社会化的产物，改革开放以来一批借助政府力量自上而下建立或者从政府体系中衍生出来的半独立社会组织逐渐产生。学界把这类社会组织称为官办社会组织，即 GONGO（governmental NGO）。官办社会组织与其母体部门保持着紧密关系，至少在开始的时候，这些机构成为从正规体制中退下来的人员发挥余热的去处，而其原属部委和部门则给予了它们充分的信任。但随着时间的推移，直接从政府部门拨发的款项减少，它们不得不越来越依赖

于其他来源的资助。[①] 随着中国公民社会的发展成熟，官办社会组织也迎来了发展的机遇期。官办社会组织已成为目前中国扶贫类社会组织最重要的主体。[②] 它们规模大、组织严密、架构和管理方式比较成熟、工作人员专业，并且是国内社会组织里最有能力与大型国际组织和捐助者交往并实施大型复杂项目的组织。因而，官办社会组织参与农村贫困治理的特点主要体现在以下三个方面。

一是机构规模大、组织严密，实施农村贫困治理项目资金量大、来源稳定。官办社会组织从政府部门分离或独立出来后，大多数组织在政府的支持下建立起规模庞大的组织机构，同时管理方式比较成熟。这些特点使得官办社会组织能够获得较为充分的社会信任，常常得到大型国际组织的援助资金，以及较为容易获得企业、公民个人的社会捐助。因而，在参与农村贫困治理中，官办社会组织投入的项目资金不仅资金量大，而且资金投入持续性较为稳定。

专栏 4-1

中国扶贫基金会捐赠亿元支持玉树灾后重建

中国扶贫基金会将投入 1 亿余元支援玉树灾后重建，灾后重建建设项目主要围绕"市场及生产基地类""整村建设类"两大类型展开，所有项目吸收玉树受灾群众参与，此举旨在增强玉树受灾群众灾后的造血功能。这是记者 2010 年 6 月 19 日从中国扶贫基金会

---

① 华安德：《转型国家的公民社会：中国的社团》，《中国非营利评论》2007 年第 1 期。
② 韩俊魁：《关于农村社区扶贫类 NGO 可持续发展机制的几个问题》，《中国农业大学学报（社会科学版）》2007 年第 2 期。

在北京召开的"情系玉树"第二次新闻发布会暨加多宝玉树灾后重建项目启动仪式获悉的。

当天，中国扶贫基金会秘书长王行最与青海省扶贫开发局副局长李海俊正式签署了《中国扶贫基金会与青海省扶贫开发局合作开展玉树灾后贫困村恢复重建工作执行协议》，合作实施玉树地震受灾贫困村恢复重建工作。双方还就即将开展的玉树蔬菜大棚援建项目签署了合作协议，通过在玉树县结古镇援建价值1000万元蔬菜大棚帮助当地村民恢复生产。预计这一项目将于今年7月底完成，直接受益的受灾群众超过2000人。此外，中国扶贫基金会还将投入1000万元用于招标委托项目支持NGO（非政府组织）参与灾后重建，投入500万元向玉树灾区1万户受灾贫困农户发放生活补贴。

中国扶贫基金会执行副会长说，对玉树的援建不只是简单的物质帮助，更应该在重建中帮助受灾群众掌握脱离贫困的技能，增强他们的"造血"功能，要最大限度地吸收当地受灾群众参与到重建中来，同时考虑到玉树的特殊情况，在所有项目实施的过程中，要保护和传承好当地的民族传统文化，保护好玉树的资源和环境。

2010年4月14日，青海省玉树藏族自治州发生7.1级强烈地震。4月20日，加多宝集团即通过中国扶贫基金会捐赠1.1亿元用于玉树灾区重建。为做好玉树的救灾和灾后重建工作，高效、妥善地用好捐赠款物，5月3日，国务院扶贫办主任范小建与青海省人民政府副省长邓本太在玉树抗震救灾指挥部就玉树灾后重建工作签署了合作框架协议，正式将中国扶贫基金会参与青海玉树灾后重建内容纳入国家对青海玉树重建的整体规划之中。

二是与政府机构关系密切，实施农村贫困治理阻力小，行动能力强。尽管官办社会组织从政府部委分离或独立出来，但仍与政府保持紧密联系，与政府之间不存在"天然的隔离"。因而，在实施农村减贫项目过程中通常获得地方政府的全力配合与协作。同时，由于官方背景深厚，官办社会组织能较好地动员政府资源，协调各种关系，加上其较为庞大和完整的组织网络，实施农村贫困治理的行动能力要远强于其他类型的社会组织。

三是参与农村治理贫困方式的多元化。官办社会组织规模大、资金实力雄厚，这使得官办非政府组织不仅有能力实施具体的农村减贫项目，还会通过支持本地社会组织或社区组织发展和实施项目。例如中国扶贫基金会不仅自己实施旨在为贫困地区乡镇完小援建学生宿舍、解决学生住宿难问题的"筑巢行动"，为改善贫困地区交通条件，解决老百姓出行难、孩子上学险的"溪桥工程"等多项扶贫项目，而且还实施了多项旨在提高社会组织能力的 NGO 发展项目。

（二）国际社会组织参与农村贫困治理

改革开放前，中国与国际社会接触少，与国际性的社会组织合作十分有限。随着改革开放深入推进，社会资源从行政单一控制向多元社会结构流动转变，中国公民社会逐渐发展，官办社会组织和草根社会组织不断发展。中国在不断融入国际社会体系特别是 2001 年中国加入世界贸易组织后，国际社会组织开始被允许与官办社会组织和草根社会组织合作开展活动。清华大学创新与社会责任研究中心主任邓国胜估计，在中国的国际社会组织，包括注册的和未注册的，在 1000—2000 个。据统计，截至 2018 年 11 月，在中国登记的境外非政府组织代表机构 427 个，临时活动备案 1179 件。

在中国开展活动的国际社会组织中有较大部分是扶贫类国际社会组织。以中国国际社会组织合作促进会为例，截至 2018 年，中国民促会已与世界上 186 个国际社会组织建立合作关系，共有 21 个国家和地区的 103 家民间和多双边机构向中国提供了 9.75 亿元的资金援助，同时通过合作项目筹集国内配套资金 5.37 亿元，项目遍及全国 31 个省（区、市），主要分布在中国沂蒙山区、大别山区、川北地区、陕北老区、珠穆朗玛峰国家级自然保护区以及云南、广西等众多的少数民族地区，受益人口达 760 万人。相关国际社会组织在中国设立办事处或者有固定的办公场所，有较熟悉的长期合作伙伴，具有连续性的运作项目。

为促进发展，来到中国的国际社会组织，主要将注意力集中到中国的贫困人口等弱势群体，为这些弱势群体提供援助、协助和服务，并帮助中国解决或缓解发展中出现的各种问题。国际社会组织参与中国农村贫困治理行动的特点主要有两方面。

一是通过与中国境内相关组织合作的方式进行减贫治理。在合作对象上可以分为两个类型：其一是与政府相关部门、官办社会组织或者是企业签署协议，采取自上而下的方式实施农村减贫项目。其二是与草根社会组织合作，实施自下而上的农村贫困治理方式。在合作方式上主要有三种方式：（1）接受其他相关部门或组织机构的项目申请，提供支持资金但不参与项目运作。（2）与其他合作方做项目。具体做法一般是同国内相关部门建立合作伙伴关系，委托合作伙伴具体开展活动，国际社会组织主要负责资金支持和项目评估，合作伙伴具体负责实施项目。与第一种合作方式不同，该种项目合作方式是国际社会组织自己设计项目，并且在技术、专家、管理经验以及监控评估方面都承担更多的责任，对项目的控制程度也更强。（3）同相关政府部门达成项目合作备忘录以后，国际社会组织直接进行项目的管理与运作。

　　二是在农村贫困治理中强调扶贫对象能力建设和社区参与理念。各类国际社会组织注重与国际新的减贫理念和方法相结合，并且都不同程度地积累了极为丰富的发展经验和大量被其他国家证实行之有效的扶贫方式。因而，国际社会组织在中国境内开展农村贫困治理中注重强调扶贫对象的自我发展能力和社区参与，注重项目设计、监测与管理。这些先进的扶贫项目管理理念和方法，不仅在与其合作的草根社会组织中得到接受和广泛应用，而且也被政府机构接纳和推广，对中国扶贫开发的理论、政策、方法、制度建设等方面产生了积极的影响，推动了中国扶贫的制度创新和管理改善，推动了国内扶贫开发项目的管理水平的提高。[①]

（三）草根社会组织参与农村贫困治理

　　改革开放以来，中国社会组织迅速发展，特别是草根社会组织呈现出井喷式发展状况。通过几十年的发展，目前中国的草根社会组织已遍及全国31个省（区、市），活动领域由传统的妇女、环保与扶贫扩展到流动人口、艾滋病、法律援助、残障儿童、孤儿与犯罪子女的教养等各个公共服务领域，据有关学者估计，中国草根社会组织的数量在100万到150万之间。[②]扶贫是草根社会组织活动的传统领域，也是主要领域之一。尽管草根社会组织具有补缺公共服务、推动社会参与、促进社会融合、创新社会治理等功能，然而草根社会组织在管理

---

① 黄承伟：《论发展扶贫开发领域国际交流与合作的作用及对策》，《学术论坛》2005年第1期。

② 邓国胜：《中国草根NGO发展的现状与障碍》，《社会观察》2010年第5期。

模式缺陷、自身能力不足、人力资源流失、政策环境缺失、资金环境制约、公益环境缺失的内外部条件限制下，[①] 参与农村贫困治理面临多重困难，呈现出与其他类型社会组织不同的行动特点。

一是参与农村贫困治理资金来源的不稳定和多样性。近年来，中国草根社会组织快速发展，然而总体上规模小、社会公信力低是草根社会组织的基本特征。因而，与国际社会组织或者是官办社会组织相比，草根社会组织参与农村贫困治理的项目资金来源十分不稳定。另外，当前维持生存仍是草根社会组织的重要任务。为了获取项目和"生存"，草根社会组织参与农村贫困治理需要采取各种途径获取各类组织的援助支持。如通过申请基金会资助，通过与其他大型社会组织合作，或者是通过政府购买扶贫服务等途径获取项目资源。因而，草根社会组织参与农村贫困治理的资金来源具有多样性特点。

二是草根社会组织参与农村贫困治理行动的非持续性。草根社会组织缺乏足够的经验、影响力和资源来运作大规模的长期项目，并且在取得全球公民社会的发展趋势和方法方面缺乏信息渠道，在管理非营利组织的专业和伦理标准上也缺乏足够的理解，因此无法有效地设计项目方案，以履行其使命。[②] 因而，草根社会组织参与农村贫困治理主要依赖于合作者，更多的是扮演执行者的角色。其农村贫困治理项目不仅会随着合作者或者资助机构的变化而改变，并且还会由于草根社会组织机构负责人的变更而变化。因为，草根社会组织结构是权威治理结构，它们（特别是机构负责人）倾向于按照自身绘制的理想蓝图

---

① 吕晓莉：《社会管理视角下的草根 NGO 发展问题》，《中国青年政治学院学报》2013 年第 1 期。

② 谢世忠、柯思林：《国际 NGO 在中国》，《中国发展简报》第 55 卷。

改造农村社区，与村民和促进组织在项目中形成的是权威—服从关系。机构负责人的影响力是得到资助、凝聚员工和开展项目的重要保障，机构负责人更替或认识变化直接影响到其参与农村贫困治理的稳定性，甚至影响到机构的存在与否。我们在对草根社会组织绿色流域进行调查时也发现：绿色流域支持波多罗村（云南丽江的一个彝族村落）长达 10 年，而在第十年因为某一长期资助这一活动的组织停止资助该社区，绿色流域在波多罗村的项目也宣布结束，而当该组织提出继续支持绿色流域在波多罗村的发展项目后，绿色流域在波多罗村的项目才得以持续。

第三节 社会组织参与农村贫困治理的
行动机制

人的发展离不开资源的利用。从某种意义上说贫困人口陷入贫困的原因在于资源（资金、技术、理念、知识、信息等）的匮乏。作为减贫干预的外部力量之一，社会组织扶贫行动可视为将扶贫资源转化为扶贫对象行动资源的过程。因而，社会组织参与农村贫困治理的行动机制包括了资源的动员和资源的传递两个过程。

一、社会组织农村贫困治理的资源动员类型

社会组织农村贫困治理行动的资源动员主要在社会领域展开。在社会学研究中，"社会"的概念范畴在不同的语境下范围不同。一般而言，对社会的划分存在两种典型分析框架：一种是将广义的社会分为"国家与社会"的二元分析框架，如洛克的政治思想传统里"社会先于国家"框架，孟德斯鸠、托克维尔社会思想里"社会制衡国家"框架等。① 在这里社会涵盖了市场主体，市场主体被视为社会里的重要组成部分。另一种是将社会结构分为"国家、市场和社会"的三元分析框架。在这个框架中，国家或政府，也叫公共权力领域，通常叫"第一

---

① 李培林：《社会改革与社会治理》，社会科学文献出版社 2014 年版。

部门"，它们属于政治领域；市场或者营利组织，也叫私人领域，通常叫"第二部门"，属于经济领域；社会组织，也叫公共领域，是政府和市场之外的"第三域"，通常也叫"第三部门"。① 在这里，我们主要结合社会结构的三元划分，将社会的资源分为第一部门资源（即政府公共建设资源）、第二部门资源（即市场机制形成的资源）和第三部门资源（即公民个人、社会组织中等的资源）。相应地，具体的各社会组织参与农村贫困治理的资源动员渠道主要包括在第三部门的动员资源、在政府部门获得扶贫资源，以及在市场领域中获取扶贫资源。

（一）社会组织社会领域扶贫资源的动员

社会组织扶贫资源动员的第一种渠道是在狭义的社会领域中动员参与农村贫困治理的资金资源。这种扶贫资源动员方式是社会组织获取农村贫困治理资金资源的最主要方式。该方式又分为两种子类型：一是通过慈善捐助的方式，主要是指社会各主体（公民个人、企业、其他组织机构）对某一社会组织机构的捐助，国际社会组织、官办社会组织（在中国官办社会组织中主要是基金会）主要使用该方式获得参与农村贫困治理的资金资源；二是社会组织内部中的国际社会组织、官办社会组织对草根社会组织的资助。

作为第三次社会分配，社会慈善公益捐助在中国的制度化在逐渐加强，社会捐助资金规模尽管有起伏，但总体向扩大的趋势发展（见图4-1）。根据民政部中民慈善捐助信息中心发布的《2013年度中国慈善捐助报告》，中国慈善捐赠主体仍以企业法人为主（企业法人捐助占2013年度捐赠总额近七成）；受捐助主体以基金会和慈善会为主，对

①　郑杭生：《社会学视野中的社会建设与社会管理》，《中国人民大学学报》2006年第2期。

这两类组织的捐赠总和超过捐赠总额的七成，其中基金会接受捐赠约
373.45 亿元，成为第一大受捐助主体，接受捐赠占捐赠总额的 37.74%，
慈善会接受捐赠 339.11 亿元，是第二大受捐助主体，接受捐赠占捐赠
总额的 34.27%（详见图 4-2）；在众多领域中，医疗健康和教育领域接
受的捐赠最多，其中医疗健康领域所接受的捐赠占总额的近四成，扶
贫发展占 9.76%，减灾防灾占 12.93%。[①]

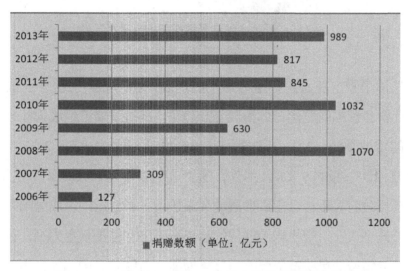

图 4-1　中国 2006—2013 年社会慈善公益捐助情况

---

① 朱凌：《去年中国慈善捐助止跌 民企和外企成捐赠主力》，《南方都市报》2014 年 9 月 21 日，
第 5 版。

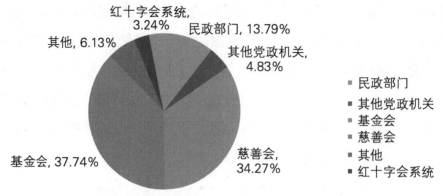

图 4-2　受捐主体接受捐赠所占比重情况 [1]

　　总体来看，随着人们生活水平的提高，中国社会慈善事业快速发展，社会慈善捐助总额总体呈现上升趋势。扶贫发展已经成为社会慈善捐助的重要领域。2012 年占全国慈善捐助总额的 22.45%，2013 年占社会慈善捐助总额的 9.76%。另外，随着近年来中国社会组织快速发展，以及各级政府关于社会组织发展的政策放宽，社会组织已成为国内外企业、公民个人、组织机构等款物的募集和吸纳慈善捐款主力军，社会组织在社会领域动员扶贫资源能力日益增强。2012 年，中国社会组织获得了 73.63% 的全国捐助。特别是基金会等社会组织已经成为第三部门资源参与扶贫的重要组织类型。社会组织和慈善事业的快速发展为社会组织参与农村贫困治理的资源动员提供坚实的基础。社会组织特别是基金会等大型组织机构通过网络捐赠等多种途径募集和吸纳社会扶贫资源，为社会组织参与农村贫困治理提供了资金保障。

　　当前，社会组织已成为吸纳社会慈善捐赠（社会领域资源）的主

① 　数据来源于朱凌：《去年中国慈善捐助止跌　民企和外企成捐赠主力》，《南方都市报》2014 年 9 月 21 日，第 5 版。

力军。然而，并非所有的社会组织都能使用社会捐助的方式动员社会领域的资金资源。能通过社会慈善捐助方式动员社会领域资源的只是少数规模较大、社会信誉度较好的（官办背景的和非官办背景的）基金会和慈善会。其他类的社会组织特别是规模小、知名度和社会信誉度低的数量众多的草根社会组织，很难通过社会捐助方式动员社会领域资源。对于这些社会组织而言，通过向国内外运作成熟、规模较大的基金会等社会组织申请项目，成为它们动员社会领域资源的重要方式甚至是唯一方式。因而，多数的草根社会组织更多的是采取与一些大型社会组织机构（基金会等）合作，通过项目制等方式动员其参与农村贫困治理行动所需的社会领域中的资源。

（二）社会组织政府部门扶贫资源的动员

社会组织扶贫资源动员的第二种渠道是在政府部门中获取扶贫资源。20 世纪 70 年代以来，全世界范围内掀起行政改革浪潮，提高政府行政效率和公共服务质量，降低行政成本则成为行政改革的目标，而政府购买公共服务则成为这一波行政改革浪潮中兴起的政府治理新元素。[①] 一般认为，政府购买公共服务是公共服务合同外包，即政府通过与营利或非营利组织签订承包合同的形式来提供公共服务。[②] 因而，政府通过购买的方式提供公共服务可以提高效率，节约成本，较快达到服务目标和满足服务受众需求，避免官僚系统的种种弊病。[③] 中国政府向社会组织购买服务最早始于 1995 年上海市浦东新区的"罗山会馆"，并逐渐由地方探索到 2011 年的在全国范围内推广。2013 年 9 月，国务院办公厅发布《关于政府向社会力量购买服务的指导意见》，对政府向社会力量

① ③　王春婷：《政府购买公共服务研究综述》，《社会主义研究》2012 年第 2 期。
②　萨瓦斯：《民营化与公私部门的伙伴关系》，中国人民大学出版社 2003 年版。

购买服务的重要性、正确把握政府向社会力量购买服务的总体方向、规范有序开展政府向社会力量购买服务工作、扎实推进政府向社会力量购买服务工作等做了强调和部署，为全国的政府向社会组织购买服务实践架构了顶层设计。2013年12月，财政部下发《关于做好政府购买服务工作有关问题的通知》，从财政的角度提出了政府购买社会组织服务的进一步要求。

随着贫困状况的变化，近年来中国财政专项扶贫投资效益出现下降趋势。社会组织的多元联动、坚持需求导向、关注能力建设、实施差别化扶贫等扶贫行动特点，使其在农村贫困治理中保持了较高的贫困瞄准率和扶贫效率。[1]进入21世纪以来，中国政府开始探索购买社会组织扶贫服务，这为社会组织在与政府合作的过程中动员"第二部门"扶贫资源提供了可能。中国政府购买社会组织服务实践探索始于2005年。2005年，根据国务院扶贫办、财政部与亚洲开发银行共同签署的《关于支持NGO和政府合作村级扶贫规划试点的合作备忘录》要求，国务院扶贫办、亚洲开发银行、江西省扶贫办和中国扶贫基金会合作在江西省开展由社会组织实施政府村级规划的试点项目。经过竞标，江西省山江湖可持续发展促进会、江西省青少年发展基金会、宁夏扶贫与环境改造中心、中国国际社会组织合作促进会和陕西省妇女理论婚姻家庭研究会几家机构在村级扶贫规划项目招标中最终胜出。这标志着政府扶贫资源向社会组织开放。

近年来，随着政府职能的转变以及社会组织的发展，政府购买社会组织扶贫服务的类型和方式日益多样化。在政府购买社会力量服务

---

① 黄春雷、呼延钦：《非政府组织的扶贫机制及其政策启示》，《经济与管理研究》2009年第10期。

不断完善的过程中，"第二部门"（政府）已成为社会组织参与农村贫困治理资源动员的重要领域。经过对社会组织项目资源来源的个案调研发现，社会组织特别是草根型的社会组织通过政府购买服务方式获得的扶贫资源已进入常态化。

（三）社会组织市场领域扶贫资源的动员

社会组织在市场领域的扶贫资源动员主要是指社会组织在市场竞争中获得农村贫困治理的资源。21世纪以来，中国一些草根社会组织正在逐步探索这种参与农村贫困治理的资源动员方式。为了适应市场竞争，社会组织建立企业化的组织架构，通过参与市场竞争获取农村扶贫资源，其典型形态是社会企业。

尽管目前学术界对社会企业仍未形成统一定义，但从社会企业外延来看，社会组织或非营利组织与社会企业存在交叉部分。社会组织被纳入社会企业或类社会企业视野之中，[1] 社会企业被看成社会"第三部门"组织（社会组织等）运用商业模式解决社会问题、提供社会服务或福利的重要结构形态。[2] 因而，社会企业具有非营利性组织（社会组织）的基本属性，即非营利性、非政府性和志愿公益性，同时由于机构的企业化运作、商业化手段，社会企业又具有经营性、增值性和独立性三个互相联系的企业性特征。[3]

欧美发达国家社会企业形态兴起于20世纪70年代西方福利国家向新自由主义发展的转型。西方国家在扶贫、教育、卫生保健、社区发展

---

[1]　丁开杰：《从第三部门到社会企业：中国的实践》，《经济社会体制比较之透视社会企业：中国与英国的经验》（专刊），2007年。

[2]　黄承伟、覃志敏：《中国社会企业研究述评》，《学习与实践》2013年第5期。

[3]　王名、朱晓红：《社会企业论纲》，《中国非营利评论》2010年第2期。

等领域投入的削减导致社会组织（非营利组织）资金匮乏，迫使后者中的部分组织依靠从事商业活动来谋求生存与发展。[①]中国社会组织的社会企业形态由来已久——如社会福利企业和民办非企业单位，并随着全球化的进一步推进和中国进入社会建设加速期而得以在 21 世纪日益兴起。随着社会企业在中国的兴起，越来越多的社会组织特别是草根社会组织通过社会企业形态利用市场机制动员参与农村贫困治理的扶贫资源。

二、社会组织参与农村贫困治理中资源的传递形式

社会组织参与农村贫困治理中资源的传递主要是指社会组织的扶贫资源转移到贫困对象（贫困村、贫困户）的过程。总体来看，当前各类社会组织参与农村贫困治理的资源传递机制（或者说形式）主要有两种类型，即扶贫资源项目机制传递和扶贫资源市场机制传递。

（一）扶贫资源项目机制传递

项目制是 20 世纪经济危机与风险社会大背景下，政府"应急"经验常态化的成果，反映了现代国家治理的"行政国家"面向与"超科层制"诉求。[②]项目制在改革开放后特别是 20 世纪 90 年代以来很快进入中国的国家治理层面。中国部分社会学学者对项目制在国家治理层面进行了详细讨论，认为进入 21 世纪，"项目制"已逐步取代"单位制"成为中国新的治理体制，影响到国家现代化治理

④　金锦萍：《社会企业的兴起及其发展规制》，《经济社会体制比较》2009 年第 4 期。
②　田飞龙：《项目制的治理逻辑——法政转型观察手记之十五》，《新产经》2014 年第 2 期。

的方方面面。[①]从项目制的运作过程来看，项目制治理方式的逻辑在于不同层级间形成的分级治理，即国家部委的"发包"机制、地方政府的"打包"机制和村庄（或者基层）的"抓包"机制。[②]其核心在于中央用"项目"的奖励来引导、调动、激励下级政府与项目承包者。[③]

　　社会组织扶贫资源的项目机制传递与国家治理中的项目制既有相似之处，也存在差异。相似之处在于社会组织的扶贫资源也是以"项目"的形式在社会组织之间以及社会组织与扶贫对象（贫困社区和贫困人口）之间传递的。扶贫资源传递过程遵循"发包"和"抓包"等项目制程序。基金会、慈善会等筹资型大型社会组织，将募集到的慈善捐助通过公开招标的方式，按照其项目意图（例如设定资助标准），面向各类社会组织进行"发包"。各类型社会组织特别是草根社会组织则根据自身特点和优势制作项目申请书，向大型社会组织申请项目资助，即"抓包"。另外，社会组织扶贫资源传递的项目机制过程包含了项目设计与申报、确定资助对象、项目实施、项目拨款、项目审计、项目监测与评估等项目运作流程。不同之处在于，社会组织扶贫资源传递的项目机制运行主体（即发包方、抓包方，以及扶贫对象）并非

① 可参见渠敬东：《项目制：一种新的国家治理体制》，《中国社会科学》2012年第5期；折晓叶、陈婴婴：《项目制的分级运作机制和治理逻辑——对"项目进村"案例的社会学分析》，《中国社会科学》2011年第4期；陈家建：《项目制与基层政府动员——对社会管理项目化运作的社会学考察》，《中国社会科学》2013年第2期；周飞舟：《财政资金的专项化及其问题——兼论"项目治国"》，《社会》2012年第1期。

② 折晓叶、陈婴婴：《项目制的分级运作机制和治理逻辑——对"项目进村"案例的社会学分析》，《中国社会科学》2011年第4期。

③ 黄宗智、龚为纲、高原：《"项目制"的运作机制和效果是"合理化"吗?》，《开放时代》2014年第5期。

上下级关系而是平等关系，"抓包方"也不需要进行项目资金配套。

作为项目资助方的社会组织对扶贫资源传递具有较强的控制力，而作为扶贫资源传递实施方的社会组织在项目机制的控制中处于相对弱势地位。项目的形成或是以资助方在项目准备前期的调查为依据，或是以项目双方共同讨论协商完成。后一种情况的项目形成往往不需要进行公开的招标，更多地体现在社会组织双方的合作上。

总体来看，随着中国公民社会的发育与走向成熟，社会组织走向分化发展，即分化为资源动员型社会组织和资源传递型社会组织。一部分社会公信力高的大型社会组织（特别是基金会）逐步向资助型转型，而一些小型的社会组织则专注于操作型社会组织。项目机制则成为社会组织分化发展后社会扶贫资源传递的主要制度化机制。

（二）扶贫资源市场机制传递

对应于从市场领域的扶贫资源动员，社会组织以社会企业形态传递扶贫资源。社会企业的核心在于运用市场机制（商业化手段）为扶贫对象提供服务（包括金融服务、农产品销售服务等），体现的是社会公益目标，即企业营利所得用于维持机构正常运转和服务扶贫对象（这也是社会企业与企业的区别所在）。

专栏 4-2

仪陇县乡村发展协会运作机制 [1]

仪陇县乡村发展协会是 1996 年 3 月在县民政局注册成立的一个非营利性的民间社团组织,其宗旨是:以人为本的乡村扶贫与可持续发展。主要活动领域有:农民组织建设、小额信贷服务、乡村扶弱济困与妇女参与、社区能力建设与推进乡村可持续发展。协会现有职工 23 人,设 3 部 1 室,下辖 7 个分会。

通过多年的探索,协会成功地将金融服务手段与推动农村社会可持续发展融为一体,在为低收入群体发展服务的公益性目标的基础上,建立起可持续发展的金融扶贫商业模式和以资金为纽带帮助贫困农民建立互助合作社的模式,并得到有效的运转。金融扶贫的商业模式先后为贫困对象提供近亿元无须抵押担保的扶贫小额贷款服务,直接帮扶了近 15 万贫困人口的发展;帮助和推动贫困农户建立自我管理的农民互助合作社 16 个,推动农民组织起来互助合作共同发展。

仪陇县乡村发展协会的商业运作模式主要体现在其为贫困人们提供扶贫小额贷款服务上。在信贷产品方面,向农村中低收入农户提供无须抵押小额信用贷款,贷款额度根据不同的经营类别在 3000—7000 元之间,贷款期限以 1 年期为主,贷款利率每年固定为 8%。另外,协会还在扶贫小额信贷产品的基础上向集镇的中低收入人群提供集镇工商业贷款等;在运作机制方面,在发展初期借鉴孟加拉国格莱珉银行模式,用参与式的工作方法将农户组织起来,

---

[1] 孔翔:《社会企业运作模式探究——以四川省仪陇乡村发展协会为例》,华中师范大学 2013 年硕士学位论文。

坚持整贷零还（第一次借款后 15 天开始，每 15 天一次，每次还同等本金和利息）、5—20 户农户联保、中心会议等形式，使农户得到无担保、无抵押的小额贷款，引导农户从事其力所能及的经营活动（贷款用途涵盖了种植业、养殖业、应用于小规模农业生产、农业经营、农产品贩运及服务业小规模固定资产投入）。当前，协会扶贫小额信贷业务的运作内容可以概括为：一是实行统分结合的授权分级经营管理和分级独立核算；二是建立统一的内部责、权、利相结合的风险治理机制与严密科学的风险管理体系。在经营成效方面，以 2010 年为例，协会累计为农村中低收入人群提供 3562 笔 1716.96 万元无担保抵押的扶贫小额贷款，协会扶贫小额信贷经营收入 148.68 万元，经营净利润 27.62 万元，平均信贷运营资产净收益率 3.67%。

从仪陇县乡村发展协会的运作机制来看，社会组织扶贫资源传递的市场机制与项目机制的差异在于市场机制传递的资源不是"无偿"向扶贫对象供给，也没有"配套"（村民集资投劳等），而是向扶贫对象提供有偿使用的金融服务。扶贫对象有偿使用金融服务既为社会组织提供维持机构正常运转的经费，这些收益也会用于帮助贫困人群提高发展能力，如仪陇县乡村发展协会开展定期的农民互助合作组织参与式评估与培训等。

三、社会组织农村贫困治理资源的承接路径

相对于政府的农村贫困治理而言，社会组织扶贫资源下沉到贫困村和贫困户具有一个"合法性"的问题。随着中国社会转型的深入推进和

公民社会的不断发展，社会组织参与社会治理（包括农村贫困治理）的合法性问题日益得到包括政府在内的各界的积极肯定。尽管社会组织农村贫困治理的合法性问题在认识上有所淡化，但是在实践层面仍是一个必要环节，难以绕开。从实践来看，社会组织参与农村贫困治理的"合法性"体现主要有两种方式：一是与政府机构（包括中央、省、市、县、乡等各层级政府）合作来获得；二是直接与农村贫困社区或者说社区内一定类型的贫困人口合作，这种直接的合作得到了政府的默许。

另外，扶贫资源（不论是政府组织的资源，还是非政府组织的资源）属于公共性的资源（相对于私人资源），具有公共资源特征。因而，扶贫资源的承接在农村贫困社区不允许出现某个或某几个人独享的状况。扶贫资源在农村贫困社区的承接，往往会形成社区性组织，推动贫困人口的组织化。从社会组织参与农村贫困治理的合法性获得来看，社会组织扶贫资源在农村贫困社区的承接主要有两条路径：一是与政府（包括中央、省、市、县、乡等各层级政府机构）合作，实现贫困村社区组织化，实现目标群体对扶贫资源的承接；二是在政府的默许下，直接与农村贫困社区或社区中的部分贫困人口合作，通过社区精英（社会组织更愿意将其称为社区带头人）的作用推动社区组织化，实现目标群体对扶贫资源传递的承接。

（一）社会组织与政府合作的资源承接

作为公共治理的主导力量，中国政府组织包括中央、省（区、市）、市、县、乡五级科层体制，并且每个层级都有相应的农业、水利、扶贫、医疗卫生、教育、计生等部门或组织机构。社会组织可以选择某一层级的组织机构进行合作，将扶贫资源传递到目标群体。从中国政府的行政特点来看，不论选择哪一个层级的政府部门，乡（镇）

的相关部门都会参与其中，只是存在参与程度的差异。社会组织与政府合作传递扶贫资源，除了具有多层级政府机构参与的特点外，还有一个特点就是社区贫困人口的组织化。

在社会组织与政府合作的扶贫资源承接实践中，联合国开发计划署参与汶川地震贫困村灾后重建是其中一个典型的案例。2008 年 5 月，汶川地震发生后，地震灾区与贫困地区高度重合，主要受灾区域（四川、甘肃、陕西）的 51 个重灾县中 41 个县为贫困县。汶川地震发生后不久，国务院扶贫办根据国家统一部署，设立专门机构，编制《汶川地震贫困村灾后恢复重建总体规划》，分批开展贫困村灾后恢复重建试点，并按照相关要求和指导，协调、帮助灾区扶贫系统整合资源，推进国家重建规划区内的贫困村灾后恢复重建工作。在贫困村灾后重建资源整合中，联合国开发计划署成为为数不多的与政府合作开展贫困村灾后重建的社会组织之一。2008 年 10 月，国务院扶贫办、商务部和联合国开发计划署联合签署"中国汶川地震灾后恢复重建暨灾害风险管理项目"合作协议。该项目从 2008 年 9 月开始，为期两年，总投资 536 万美元，用于 19 个试点贫困村的灾后整体恢复重建，涉及内容包括社区重建、生计和就业恢复、环境改善、清洁能源利用等项目。由于贫困村灾后恢复重建的复杂性和多层性，在项目实施过程中，联合国开发计划署联合了国务院扶贫办、商务部、科学技术部、民政部、环境保护部、住房和城乡建设部、中华全国妇女联合会、中国法学会等多个政府部门和国际组织以及国内外相关企业，搭建了一个多方联动、共同支援的工作平台。[1] 这样，将多方资源整合起来，在灾区形成

---

① 联合国开发计划署：《UNDP "灾后恢复重建和灾害风险管理"项目中期回顾》，见黄承伟、陆汉文主编：《汶川地震灾后贫困村重建进程与挑战》，社会科学文献出版社 2011 年版。

集合效应，有效实现了贫困村灾后快速恢复和重建。

（二）社会组织与社区直接合作的资源承接

除了与政府机构建立正式合作关系实现扶贫资源承接外，一些社会组织依靠与政府官员或是贫困村社区精英的私人关系在政府默许的情况下，借助社区精英权威和动员能力，实现社区组织化以建立扶贫资源承接平台。根据社会组织性质的差异，社会组织与社区直接合作的资源承接有公共治理资源承接路径和市场领域资源承接路径。前者是非营利性社会组织在参与农村贫困治理中，在政府默许下，依托社区精英力量推动社区组织化，实现目标群体的扶贫资源承接。后者是具有企业性质的社会组织（即社会企业）通过市场机制方式，实现社会组织与目标群体的合作与利益联结，建立扶贫资源承接平台。

绿色流域在云南省丽江市拉市乡南尧村波多罗村民小组的项目实施，属于通过与社区建立私人关系、在政府默许下直接与社区合作的资源承接方式。波多罗村位于云南省西北部高寒山区的横断山深处山坳里，地形呈东高西低之势，平均海拔3200米，最高海拔4200米。年均降水量为800—1000毫米，年平均气温为11.8℃，最高气温18℃，最低气温-3.9℃。村庄距云南省昆明市约530千米，距丽江市区约30千米，距玉龙县城23千米，距乡政府所在地13千米。波多罗村位于玉龙雪山西北，南依长江第一湾，北靠虎跳峡，与中甸的"香格里拉"仅一江之隔。旧时的茶马古道经由波多罗通向中甸。波多罗茂密的原始森林较为完整，生物多样性丰富，有1200多种植物种类，其中300多种有药用价值，还有上百亩的杜鹃群落和高山草甸。波多罗是彝语，在彝语中是"第一"的意思，意为"天下最美丽的山谷"。然而，在残酷的现实中波多罗村却是整个拉市乡海拔最高、最偏远，甚至是最穷的村寨。全村共有32户102

人（2013年），全部为彝族。全村耕地面积340亩，人均耕地面积3亩多。除了个别村干部外，村中仅有少数年轻人会用汉语交流，绝大部分成年人没有上过学。

绿色流域机构负责人于小刚（音译）在21世纪初期开展拉市海流域管理项目过程中与波多罗社区精英逐渐建立了友好私人关系，获得了在社区实施扶贫项目的认可，并得到当地政府的默许。波多罗作为彝族贫困村落，是一个家族式村落。全村同属于一个彝族人刘曼达的后代。村民的团结意识高、社会凝聚力强。在刘政伟（音译）、刘闻昆等社区带头人的组织协调下，形成了流域管理小组、生态旅游合作社、社区灾害管理小组等社区性组织。借助于这些组织，波多罗村民在绿色流域项目实施过程中参与性高、行动能力强。社区发展也取得了积极成效。绿色流域在波多罗的项目目标主要是减贫、生计发展和生态保护。围绕这些目标，绿色流域对波多罗实施了近10年的农村贫困治理。这些资源和项目内容见表4-1。

表4-1　社会组织（绿色流域）在波多罗的发展项目

年　份	项目内容	外部支持组织
2000	希望工程助学（2000—2005年）	绿色流域等
	土豆品种改良	
2002	小额信贷	
2003	村庄连接外部的23公里简易公路	绿色流域、乡政府等
	妇女夜校	绿色流域等
2004	太阳能光伏电站建设（中德政府合作项目）	GTZ、乡政府、绿色流域

续表

年　份	项目内容	外部支持组织
2007	参与式社区发展策略规划	绿色流域等
	生态旅游发展规划	
	养殖业培训	
2008	建立民族文化展示中心	民政部、绿色流域等
	社区灾后紧急援助和参与式社区灾害管理规划	
	引入饲草绿肥	
2009	农房实瓦加固	绿色流域等
2010	社区带头人到遵义参观学习	
	中药材产量与品种鉴定	
	社区开展灾害应对演练	
	厕所改造工程、太阳能浴室	乡政府、绿色流域
	修建人畜饮水池	南都公益基金、绿色流域
	引进牦牛、绵羊养殖	绿色流域等
2012	引进玛卡、重楼等中草药种植	
	村庄购买高音喇叭等备灾预警设备	友成企业家扶贫基金会、绿色流域

　　企业形态的社会组织扶贫资源的承接主要依靠市场路径。例如一些社会企业与贫困村农户结成产销合作关系等。比较典型的是民乐村的合作者社会企业。民乐村是汶川地震受灾贫困村，隶属四川省绵竹市土门镇。在贫困村灾后重建中，中国扶贫基金会在民乐村投入531万元重建资金，其中30%用于支持农房重建，20%用于能力和文化建设，50%用于生计发展。中国扶贫基金会推动成立民乐中央专业合作社，生计发展资金量化为农户股份，由中央专业合作社集中管理和使

用。中国扶贫基金会作为捐赠方派1人作为合作社特殊的社员代表并自动进入理事会，在社员代表大会和理事会中拥有一票否决权（不享受受益权）。合作社通过公开招标的方式，选择投资项目，面向社会招聘职业经理人，注册成立了民富现代农业有限责任公司，发展香菇等食用菌、养鹅、花生等农业产业。资源承接的减贫效益体现在：一是提供本地就业机会。厂房建设、食用菌生产过程中的装袋等工作需要大量的劳动力，为村民提供了就业机会。二是实现土地流转增值和农产品循环利用。三是农民从分红中获益。合作社下属产业公司开始盈利之后，利润在提取相关经营管理人员奖金后按股份比例在合作社和职业经理人之间分红，村民可以根据自己在合作社所占股份从企业中得到红利。四是促进能力建设。农户通过参与合作社管理、到产业公司上班等途径得到能力上的提升。五是推动村庄生产生活条件的改善。产业公司不仅直接促进农户收入和能力的提高，而且改善了村庄生产生活条件。如公司盈利中设置有不低于10%的公益资金用于农业生产、农田水利整治、村庄卫生整治等村庄公共事务。[①]

四、小结与展望

（一）小结

自20世纪80年代中国正式启动实施有组织、有计划、大规模扶贫开发以来，社会组织就是国家农村贫困治理的重要参与主体，成为中国社会扶贫体系的重要力量之一。改革开放之后中国社会组织的发展既得益于公民社会的不断成长，也受益于政府转型和对外开放带来

[①]《民乐村合作制社会企业的案例内容和理论分析》，详见陆汉文等：《民乐村：以合作制社会企业推进灾后生计重建》，华中科技大学出版社2012年版。

的全球化的推动。因而，作为转型国家，中国社会组织的类型和发展相比于其他国家或社会更为复杂。

在中国由计划经济向市场经济、管理型政府向服务型政府的转型过程中，推动社会组织参与农村贫困治理至少有三方面的力量：第一种力量是政府改革形成的体制内机构社会化浪潮。国有企业改革的体制内机构社会化浪潮，催生出中国官办社会组织的社会组织类型。从改革开放至今，这类社会组织一直成为中国社会领域中参与农村贫困治理的中坚力量。由于是从政府部门改制而来，中国官办社会组织参与农村贫困治理行动仍带有浓厚的官方特色。扶贫资源动员能力强、参与治理阻力小等是这类社会组织参与农村贫困治理的主要行动特征。第二种力量是改革开放和全球化浪潮的深入推进。改革开放后，境外的大型社会组织（即国际 NGO）涌入中国。国际社会组织参与农村贫困治理在传播先进理念、提供扶贫资金支持、培育本土社会组织上发挥了特殊作用。境外组织属性及中国国情，使得国际社会组织的农村扶贫治理行动具有多元合作特征。第三种力量来自国内公民社会的发育。经过几十年的经济快速发展，人们生活水平逐步提高，尤其是 21世纪以来，公民个人、民营企业等更多社会力量有意愿、有能力为推动人类发展、社会进步和社会福利方面承担相应的社会责任。社会领域的扶贫资源日益增加，草根型社会组织获得快速发展。然而，由于社会组织管理制度仍不完善等因素，草根型社会组织的生存与发展面临制度、资金等多方面瓶颈，加上规模较小、社会公信力不足等自身因素，草根型社会组织参与农村贫困治理行动具有扶贫资源动员的不稳定性、贫困治理行动的非持续性等特征。

社会组织参与农村贫困治理行动的过程也是扶贫资源惠及贫困对象

（贫困社区、贫困家庭）的过程，其中主要包含了两个阶段，即扶贫资源的动员和扶贫资源的传递。总体来看，随着行政体制改革和市场机制的推进，当前中国社会组织扶贫资源的动员已超出了传统的社会领域，形成了政府、市场、社会多个领域的多元扶贫资源动员机制。相应地，社会组织扶贫资源的传递机制也日益多元化。从资源传递形式来看，可以归纳为两种方式，即项目机制和市场机制。社会组织扶贫资源传递的项目机制既有进入 21 世纪后国家治理体制向项目制转变的背景因素（尽管社会组织扶贫资源传递的项目机制与国家治理层面的项目制存在显著的差异性），更是契合了社会组织扶贫对象非固定性（相对于政府固定地管辖某一区域而言）和资源在各社会组织的不均等聚集状况下扶贫资源有效传递的需要。相对于项目机制而言，市场机制是在全球化影响加深、社会组织创新等多种因素作用下形成的一种新兴扶贫资源传递机制。作为承载市场机制的主要形态，社会企业模式的探索处于起步阶段。大多数社会组织在践行社会企业模式的过程中仍需要辅之以其他形式的资源获得方式。值得注意的是，社会企业模式或者说市场机制的资源传递类型，是克服传统资源传递非持续和不稳定性的重要创新，对于社会组织稳定和持续参与农村贫困治理是一种有益尝试。

（二）展望

尽管自实施农村扶贫开发行动以来，社会组织参与扶贫就伴随其中并发挥了重要作用，但是整体而言，社会组织参与农村贫困治理仍面临诸多制度或者政策方面的障碍。多年来，社会组织与政府合作参与农村贫困治理仍主要依靠组织与政府之间灵活的、片断式的协作。进入全面建成小康社会和全面深化改革的新阶段，中共中央办公厅印发《关于创新机制扎实推进农村扶贫开发工作的意见》，部署和安排了包括创新社会参与机制在内的六大扶贫开发机制创新和十项重点工作任务。2014 年底，国务院办公厅印发《关于进一步动员社会各方面力量参与扶贫开发的意见》提出积极引导社会组织扶贫，为包括社会组织在内的社会力量参与农村贫困治理搭建信息服务平台，建立和落实社会组织参与农村贫困治理的各项优惠政策。随着政策和制度日益完善，社会组织扶贫将会迎来一个较为宽松的外部环境，社会组织参与农村贫困治理行动也将会更加规范化和制度化。

另外，当前中国社会组织扶贫资源的动员和传递已日益呈现出多元性特征。这有利于提高社会组织特别是草根型社会组织的生存能力。然而，总体来看中国社会组织的管理机制和社会仍不同程度处于建构之中。社会组织参与农村贫困治理仍处于边缘性地位。社会组织只有在发展过程中建立起资源动员传递稳定、有序的彼此间合作网络和机制，才能有效应对各种挑战和不确定性。当前，一些大型社会组织已开始向资助型 NGO 转型。这将有利于促进社会组织在扶贫资源动员和传递中的有序化和稳定性，为各类 NGO 的发展进入蓬勃发展的春天带来了新的希望。

第五章

社会组织参与农村贫困治理
中各行动主体间的互动关系

在已有的文献研究和现实调查的基础上，本书将社会组织在贫困治理中的关系从行动主体层面分为社会组织与政府、社会组织与社会组织、社会组织与贫困村民三组关系。社会组织与政府的关系较为复杂，从目前的研究来看，在农村贫困治理过程中主要是以合作关系为主，当然二者的合作并非尽善尽美，依然存在着很多发展瓶颈。社会组织与政府之间的合作是其能够活跃在农村贫困治理领域，并取得治理成效与保证参与延续性的关键。扶贫类社会组织之间的横向交流与互相支持，则可以保证扶贫资源与扶贫技术的共享，提升农村贫困治理的灵活度。与此同时，社会组织与贫困村民信任关系的搭建，则是其参与农村贫困治理获得情感支持，拓展贫困治理内容，丰富贫困治理方式的主要支撑点。事实上，新时期要提升中国的贫困治理效率，其关键就在于包括政府在内的各行动主体间社会网络体系的构建，信任关系的形成与合作方式的建立。对社会组织与政府、社会组织内部以及社会组织与贫困村民几个行动主体之间关系的分析，可以促使我们更好地厘清社会组织在参与贫困治理中的角色定位和发展路径。

第一节　社会组织与政府的合作关系

近年来，关于社会组织与政府的关系研究，得到了越来越多的关注。其中比较有代表性的是萨拉蒙提出的"政府与 NGO 关系模型"，他从服务的融资、授权和服务的配送两个维度，提出了政府与 NGO 关系的四种基本模式，即政府支配模式、第三部门支配模式、双重模式与合作模式。其中，政府支配模式和第三部门支配模式分别属于二者关系的两极，双重模式最显著的特征是存在两个相当大的，但相对自治的关于服务资金筹措和服务配送体系。合作模式则是指由政府和 NGO 共同开展公共服务，二者的工作互不分离。[①] 相对于发达国家社会组织较为成熟的发展环境和发展规模，中国的特殊环境决定了社会组织与政府的关系绝不是简单的线性关系，而是要综合考虑政治、经济、社会等各种因素的影响。尤其在贫困治理领域，长期以来中国的贫困治理模式主要是以政府单主体的支配模式为主，社会组织的参与程度较低，而且随着市场化改革的深入以及社会文化的变迁，新时期的贫困治理也有着诸如贫困地区异质性大、贫困人口需求多样化、贫困农村"空心化"等特殊情况，[②] 这种复杂的贫困治理环境，要求我们

---

① 康晓光等：《NGO 与政府合作策略》，社会科学文献出版社 2010 年版。
② 苏海、向德平：《社会扶贫的行动特点与路径创新》，《中南民族大学学报（人文社会科学版）》2015 年第 5 期。

要动员更多社会力量参与到扶贫实践中，更加重视社会组织与政府合作关系的搭建，更新扶贫理念，提升扶贫资金使用效率，提高扶贫瞄准度及针对性，保证中国扶贫开发的长效性和科学性。

一、社会组织与政府的合作基础

在贫困治理领域，社会组织与政府的合作伙伴关系应是一个持续的良性互动过程，社会组织与政府合作关系的建立，首先是基于二者的功能性互补，这是二者合作的刚性基础。除此之外，中国社会政策空间的逐步开放，贫困地域经济、社会发展的内在需求以及社会组织自身发展能力的提升，亦成为社会组织与政府合作的主要推动力。

一是从资源依赖的视角来看，任何一个组织要想实现更好发展，都需要从周围环境中吸取资源，与周围环境相互依存、相互作用，搭建相互依赖关系。就治理贫困问题来说，社会组织与政府都有彼此的优势和资源。如政府有政治合法性、较强的财政能力、相对完善的技术人员编制，民众对于政府的信任度高等优势；而社会组织也有项目管理理念先进，贫困治理模式独特以及与贫困群体关系紧密等优势。政府可以借助社会组织的资金、人才以及技术优势，减轻政府负担，转变政府职能，实现扶贫目标；社会组织则可以借助政府的权威性与可信度，提升自身影响力，提高受助者的积极性和参与度。二者可以在共同的反贫困目标下，整合稀缺的扶贫资源，发挥自身的行动优势，提高贫困治理效果。

二是从社会政策空间的开放性视角来看，社会政策对于贫困治理效率的提升有着重要意义，它可以为各个行动主体提供治理的方向、资源与行动的合法性，社会组织与政府良性合作机制的建立同样有赖于各级政府社会政策法规的引导和规范。根据中国目前的贫困治理形式,《中国农村扶贫开发纲要(2011—2020年)》《关于创新机制扎实推进农村扶贫开发工作的意见》《关于进一步动员社会各方面力量参与扶贫开发的意见》等政策文件都适时提出,要动员市场和社会力量参与扶贫,要创新机制,在全国范围内整合配置扶贫开发资源,形成政府、市场、社会协同推进的大扶贫格局。同时,国家也放开了行业协会商会类、科技类、公益慈善类和城乡社区服务类四类社会组织的双重管理登记方式。这些社会政策的出台,从制度设计的层面上肯定了社会组织与政府、市场等多方力量参与贫困治理的合法性与可行性,拓宽了社会组织的扶贫空间,为社会组织与政府合作关系的建构提供了政策保障。

三是从贫困治理环境的视角来看,当前中国进入了全面建成小康社会的关键时期,贫困治理的外部环境呈现出一种复杂的形态,这种复杂性一方面来源于政策设计对贫困地区发展的要求提高,贫困线标准的提升以及原有制度安排的滞后性,另一方面来源于集中连片特困地区发展的脆弱性、不均衡性等内在的发展缺陷。同时,社会分层与社会排斥视角下的相对贫困现象较为严重,因病因灾致贫返贫现象突出,贫困代际传递性增强,贫困群体的流动性强、需求多样化,各种基层社区治理矛盾时有发生,这些复杂的贫困治理环境都给新时代的贫困治理带来了极大的困难与压力。面对这些潜在的风险,仅仅依靠单一治理主体,显然无法满足贫困群体的异质性需求,无法合理地规避各种风险,这就在客观上为二者的合作提供了发展空间,二者可以利用各自的优势资源,共同应对复杂的贫困治理环境,满足贫困群体合理需求。

二、社会组织与政府的合作过程

一般而言，社会组织与政府的合作有正式与非正式两种形式。正式的合作是指以立法和专门的政策规章为基础，设立双方合作的专门机构，通过开展定期或不定期的联席会议，让社会组织代表参与政府各类计划和决策等方式实施的制度化合作。非正式的合作主要是以双方工作人员之间的人际关系网络为基础，建立的非制度化合作。[①] 正式的合作机制，一般有确立合作需求、建立合作机构、选择具体的合作方式、实施合作项目与维护合作关系几个阶段；非正式的合作机制，一般以短期项目为主，缺少合作机构，具体项目的操作不够规范，对贫困对象的长期性扶助效能较低。

（一）确立合作需求，搭建合作架构

需求是社会组织与政府合作关系的一个重要变量，对彼此资金、技术、人才等扶贫资源的需求，成为二者合作的关键。二者可以在需求表达中分享各自的扶贫经验、分担社会风险，在沟通互动中确定具体的合作方式。只是这里涉及一个主动性的问题，双方都有可能成为主动寻求合作者，这与地方政府的经济发展目标以及社会组织自身的发展目标相关，是行动主体在利益权衡基础上的自愿组合。同时，双方的扶贫行动不是杂乱无章的，而是需要一定的规则和秩序，需要一定的规则去约束、引导彼此的行为，并确定双方在扶贫行动中的角色和利益，促进扶贫行动的结构化和制度化。

以云南省玉龙县为例，玉龙县扶贫类社会组织发展较为活跃，也

---

① 武继兵、邓国胜：《政府与 NGO 在扶贫领域的战略性合作》，《理论学刊》2006 年第 11 期。

取得了一定的扶贫成效。当然，这与当地政府发展经济，提升民众生活水平的主观需求密不可分。在 2003 年丽江区县分设之后，玉龙县的分管地域主要是以贫困山区为主，经济发展的压力较大，提升人民生活水平、促进社会和谐稳定成为当地政府的主要目标。在政府财政资金有限的情况下，吸引国内外社会组织积极参与到当地的扶贫开发事业中，就成为一个主要的发展方向。在当地政府发展经济、提升人民生活水平主观愿望的基础上，以宣明会为主的多家社会组织也积极与当地政府合作，嵌入地方政府的发展规划之中，以实现自身的组织目标。社会组织与政府的关系逐步由非正式合作转向正式合作。玉龙县政府与某些大型的社会组织签订了项目合作协议，并建立了外援项目办公室，用以统筹协调全部外援机构（玉龙县以外的支持性社会组织）。在外援项目办公室的协调之下，社会组织有了自己的"娘家"，可以通过这个机构与基层服务的乡镇政府进行良好的沟通，顺利进入贫困乡村之中开展扶贫项目（见图 5-1）。

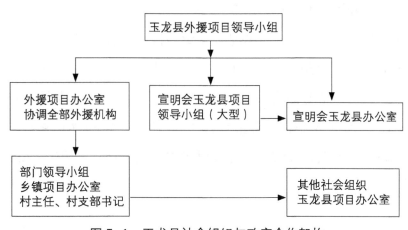

图 5-1 玉龙县社会组织与政府合作架构

玉龙县政府通过建立外援项目办公室，可以大大提高社会组织的可信任度，平衡二者的关系，改变长期以来双方权力不对等的地位关系。①对一些大型的资源投入较多的社会组织，还允许其成立项目领导小组，建立社会组织的项目办公室，以定期开展扶贫活动。

（二）选择合作方式，整合扶贫资源

社会组织与政府在贫困领域的具体合作方式，因人因地有着极大的区别，呈现出一种复杂性。从已有的研究成果及现实调研结果来看，社会组织与政府的具体合作方式，主要有基于扶贫项目的平行合作方式、咨询方式、监督评估方式及交流方式四种。基于扶贫项目的平行合作方式又可以分为社会组织出钱、政府抽调人员型，社会组织出人力财力、政府配合型，政府出钱购买服务型，政府与社会组织合作办公、共同分配人力财力等几种类型。只是这几种类型是在宏观层面的一种分类，在具体合作的细节层面，还会受到合作双方的主观意愿、贫困地域的现实发展情况，以及贫困对象的需求情况等多种因素的影响，并非一种线性单一的合作方式。

在这些合作方式中，有些是社会组织投入的资源占多数，在资金、人力方面都以社会组织为主要扶贫力量，政府主要是起到协调补充的作用。与之对应的是政府投入资源占优势，其主要方式即是政府购买服务。比如2005年出台，并最终在2006年1月至2007年9月具体实行的"非政府组织和政府合作开展村级扶贫规划试点项目"，也即"国

---

① 田凯：《政府与非营利组织的信任关系研究：一个社会学理性选择理论视角的分析》，《学术研究》2005年第1期。

务院扶贫办在江西开展 NGO 参与政府扶贫的试验"。[①]在江西省试点的项目中，中国政府首次将财政扶持资金委托社会组织管理，并以招标方式选择社会组织具体实施政府扶贫项目。国务院扶贫办和江西省扶贫办提供 1100 万元财政扶贫资金，委托中国扶贫基金会组织招标选择了 6 家社会组织在江西省的 22 个重点贫困村实施村级扶贫规划项目，这些社会组织在江西省与当地官员开展参与式扶贫规划，并协助村民实施他们自己制定的重点扶贫项目。社会组织主要负责扶贫技术指导与项目实践操作，政府则将行政性的财政资助转变为竞争性资助，将行政命令式的政社关系转变为基于契约的合作伙伴关系，通过引导社会组织的治理结构，发挥社会监督的作用，变消极的控制型、单一的监管模式为积极的引导型、参与式监管模式。[②]社会组织与政府通过资源的整合，在生存与自主之间不断寻求平衡，共同为贫困群体服务。

（三）实施合作项目，扶助贫困群体

社会组织与政府的合作方式有很多类型，但一般还是要落实到具体的扶贫项目之上，这区别于单纯的政策咨询与项目总结评估。以扶贫项目为主的合作一般要经历项目选择、项目形成、资金筹集、项目实施和项目监测评估五个阶段。目前，社会组织与政府的项目合作，已经从以往单纯基础设施的改善、扶贫产业的发展，扩展到教育、医疗、技术、信息、环保等多个领域。在社会组织与政府的项目合作中，一般是由社会组织负责项目的具体实施以及技术指导，政府部门主要是给予政策支持与监督评估。当然，也有社会组织给予资金支持、负责监督评估，而政府部门则抽

---

① 许源源、邹丽：《非政府组织农村扶贫：制度优势与运行逻辑》，《经济与管理研究》2009年第 1 期。

② 邓国胜：《政府与 NGO 的关系：改革的方向与路径》，《中国行政管理》2010 年第 4 期。

调人员负责具体实施。在项目实施过程中，二者逐步从单方面的资金与产业输入，过渡到以贫困人口的实际需求为导向，注重贫困对象在项目实施整个过程中主动性的发挥，提升当地贫困人口的自我发展能力。

社会组织与政府合作开展的项目，改变了传统政府行政性的强制输入方式，从项目瞄准、制定、实施和评估等环节上都强调贫困群体的主动参与，更加注重采取外部干预与内源发展相结合的行动方式，在为贫困社区输入社会资源的同时，注重对贫困社区生态、文化和秩序等发展特殊性的关注，强调有效发掘贫困对象作为发展主体的潜力，鼓励贫困对象参加社区的全部决策过程，促进各个行动主体之间平等对话机制的建立，实现贫困社区的长远发展。

（四）搭建沟通平台，维护合作关系

在社会组织参与贫困治理的过程之中，每个行动主体都会从自身的立场出发建构自己的概念体系和思维风格，其行为也会受到以自我为中心的利益算计的左右，行动主体间并不容易发挥各自的资源优势，达不到合作绩效的最大化。所以，在项目实施的各个阶段，都要注重搭建社会组织与政府合作的沟通协作平台，以培训、座谈等方式让双方真诚地表达自己的意见和需求，互相传达自身的感情，保持信息流动过程的畅通，解决各种显在和潜在的矛盾和冲突，实现资源的有效整合。

各个行动主体可以通过各种沟通平台的建立，共同讨论贫困治理中面临的实际困难，分享各自的贫困治理经验，分担运营风险，找到解决发展困难的途径，保持行动者的行动能力与行动策略的最优化，最终创造一个利益共享、责任共担的贫困治理机制。[①]

---

① 黄承伟、苏海、向德平：《沟通理性与贫困农村参与式扶贫的完善路径》，《中共福建省委党校学报》2015年第3期。

三、社会组织与政府的合作瓶颈

当前，社会组织与政府在贫困治理领域中的合作依然处在一个初级阶段，两者的合作机制并不健全，缺少相应的管理机构与制度保障。很多时候，社会组织和政府还处在一种各自为战的状态，双方的沟通信任机制依然缺乏，在开展具体的项目合作时又在扶贫目标和方式上存在着诸多分歧，制约了贫困治理效率的提升。

（一）行动双方价值观不同，扶贫目标存在分歧

社会组织与政府有着不同的组织理念、性质、使命与目标，而且两者的组织结构、运作方式与制度架构区别很大，因此，在对待贫困治理的认知上难免会出现差异。[①] 在贫困治理过程中，政府部门一般注重短期的经济效益的提升，注重村庄基础设施的改善与产业的发展，但对贫困村民主体性的调动，对内在资源的挖掘力度不够，扶贫效益的持续性不足。社会组织则更加重视细节，重视贫困治理过程中村民积极性主动性的培养，其花费周期较长，扶贫方式较为烦琐，这与地方政府追求扶贫效率的目标有所差异。如果双方在贫困治理过程中找不到合作的契合点，扶贫项目就很难实施，贫困治理效能也就无法提升。

任何组织之间的合作关系都会面临困难和紧张，尤其是在双方存在不同的价值观点的情况下。比如，有些政府官员会担心社会组织在贫困治理过程中的监管协调问题，社会组织又会担心失去自治和独立性，扭曲自己的使命或者过度官僚化、失去灵活性，这就使得二者的合作无以为继。

---

① 刘祖云:《政府与非政府组织关系: 博弈、冲突及治理》,《江海学刊》2008 年第 1 期。

（二）缺乏制度化保障，规范程度不高

当前，社会组织与政府的合作缺乏制度基础，缺乏制度化的合作渠道，绝大多数合作都具有显著的不规范性和非制度性，合作模式因人、因事、因地而异，极大地制约了二者的合作空间。从政策层面看，中国缺少相应的政策去定位二者的具体角色、权利与义务，二者在合作过程中的地位并不平衡，很多国际社会组织和本土社会组织的合法性不高。同时，在合作过程中也缺乏相应的合作机构及协调整合的平台。一些地方政府的扶贫政策不够透明，政策执行中的异化现象影响了社会组织扶贫的工作热情，降低了社会资本的整合力度，制约了贫困治理效率的提升。而某些社会组织也存在扶贫资金使用不透明、管理不完善的情况，缺少成熟的监督与考核机制，这就使得二者的合作关系变得非常脆弱。

（三）缺少互动沟通平台，资源整合力度低

社会组织与政府在贫困治理领域的行动方式有着很大的区别，但在具体的贫困治理方式上，二者相互之间还是缺乏信任，缺少必要的沟通与互动学习平台，二者的优势资源无法汇聚，贫困治理的多元协作效能随之降低。从政府的角度看，某些政府部门对于社会组织的发展持一种矛盾心态。一方面，政府认为，应该发展社会组织，共同为贫困群体提供服务，促进扶贫资源的多元供给和社会福利的多元化；另一方面，政府又对社会组织的发展存在担心，担心社会组织的力量过于强大，不利于政府的管理与控制。在政府发展社会组织的资源需求和社会控制需求之间存在着持久性的冲突。①

---

① 田凯：《机会与约束：中国福利制度转型中非营利部门发展的条件分析》，《社会学研究》2003 年第 2 期。

从社会组织的角度看，社会组织在中国的发展较晚，整体实力较弱，而且社会对社会组织的知晓度与信任程度并不高。政府扶持政策的有限与社会组织社会公信力的缺失，使得社会组织与政府的合作缺乏广度与深度。在具体的项目实施过程之中，二者战略合作意识以及沟通信任平台依然缺乏，不利于对贫困资源的有效整合。

四、反思

合作是社会行动的基石，构建良好的合作关系对于全球化时代的任何一个行动主体来说，都显得尤为重要。[1]社会组织与政府在贫困治理领域的相互依赖和有效合作能够产生合作效益，提升贫困治理效能。这种合作关系应当建立在权利平等的基础之上，社会组织扮演的不仅仅是"拾遗补阙"的角色，而是一个可以与政府平等对话的"合作者"的角色。目前，政府实质上的支配地位与社会组织希望的合作伙伴关系相去甚远，而政府对权力的让渡机制并不完善，这促成了社会组织在贫困治理领域的发展空间受限，只是一种功能性的补充。要想真正建立"合作的伙伴关系"，完善的合作机制、合作规则和合作架构必不可少，双方互相表达主观旨意的沟通平台也不可或缺，制度约束是二者合作可以持续的关键，而基于情感基础上的沟通协调则是其迸发更大生命力的源泉。有了合理的治理规则与宽容的沟通平台，才能在贫困治理领域中既充分发挥政府的协调监督功能，又充分赋予社会组织以自主性与合法性，从而拓宽二者的合作空间。

---

[1]　卜长莉：《合作：社会行动的基石》，《社会科学战线》2007 年第 3 期。

第二节　社会组织之间的
自主型相互依赖关系

在贫困治理领域，社会组织要想获得持续性的发展，关键在于提升获得并拓展资源的能力。对国际社会组织与具有政府背景且资源丰富的官办社会组织而言，他们获取资金的能力较强，但在人力资源运用以及满足贫困群体异质性需求方面，就会遇到诸多限制。对草根社会组织而言，资金和人力资源都是其发展的主要瓶颈，为了生存，他们必须与那些控制资源的行动者进行互动交往和资源交换，以此来满足其自身发展的需要。在资源交换过程中，各类组织都会依据某些条件来选择合作对象，但其根本目标都是更好地开展公共服务，实施扶贫项目，提升贫困人口的自我发展能力。

一、社会组织之间自主型的相互依赖

社会组织之间自主型的相互依赖关系，可以从两个层面上来解释。一方面，从社会组织自主独立的特性来看，每个社会组织都有自己独特的组织使命、组织理念、规章制度、人员构成以及工作指向，这是其存在的基础，也是区别其他组织的前提；另一方面，从社会组织的发展程度来讲，每个组织的发育程度不同，参与农村贫困治理的区域环境相异，不可能完全故步自封，还需要融入外界环境，在社会组织内部互通有无，共享信息和资源，共同应对治理风险，提升自身发展水平。

在中国的贫困治理领域，社会组织在保持自身独立性的同时，也在积极寻求互相沟通合作。自主性与独立性是社会组织之间互相合作的前提，在这个前提之下，各种类型的社会组织为了自身的发展，也为了更好地为贫困群体服务、实现共同利益，不断调配扶贫资源，实施贫困治理项目，提升贫困群体生活水平，改善贫困治理环境。

由于社会组织对贫困治理工作各具针对性，专业化程度不同，关注的服务对象类别、规模都有不同，加之每个贫困治理区域的地域环境、社会文化环境也存在较大差异，使得各个社会组织必须互相取长补短，协同挖掘各类社会组织的潜力，满足贫困群体的异质性需求。在社会组织内部之间的互补关系中，政府部门亦可以发挥协调作用，搭建沟通平台，整合各方资源，提升贫困治理效益。

二、社会组织内部自主型依赖关系的表现形式

从现实调研情况来看，社会组织之间的相互依赖，主要体现在国际社会组织与草根社会组织之间的互补、官办社会组织与草根社会组织之间的合作以及草根社会组织之间的互动三种形式。大部分草根社会组织因其自身缺乏资源，更需要其他组织的支持与帮助，这既有利于整合扶贫资源，也有利于丰富贫困治理方式。

（一）国际社会组织与草根社会组织的互补

改革开放以来，随着中国市场化改革的深入、政策空间的开放以及社会结构的调整，应中国经济建设与社会发展的要求，很多国际社会组织开始积极参与到中国的社会建设之中。进入中国的国际社会组

织一般拥有稳定的资金来源，组织管理方式也较为完善。在贫困治理领域，他们也有一套系统的治理方式，可以为贫困群体提供丰富的扶贫资源与技术指导。为了更好地贴近贫困群体的社会生活，弥补人力资源不足的局限，实践自身的组织理念与发展目标，他们也积极地培育与寻求草根社会组织作为合作伙伴，共同参与贫困治理。草根社会组织的扶贫资源不足，技术能力较低，也需要国际社会组织的支持。所以，二者的互补合作就成为当前贫困治理领域中的一个常见的模式。一般而言，二者主要是以具体的贫困治理项目为平台，在资金、技术以及人力资本等方面开展细致的合作。

（二）官办社会组织与草根社会组织的合作

中国的扶贫类官办社会组织，指的是由政府扶助成立并直接或间接受到政府各种特殊资助、支持以及支配的社会组织，其主要活动领域为扶贫。虽然现在一些官办社会组织已经在人员编制与资金来源上逐步摆脱了对政府的直接依赖，走上"去行政化"道路，在筹款渠道以及扶贫方式上正在走向市场化，但在现实扶贫实践之中，其已有的政府背景依然会对其有很大的影响。基于自身扶贫受以往政府扶贫方式以及体制内资源的影响，官办社会组织的行动方式有着清晰的政府行动烙印，这虽然在合法性以及进入扶贫领域方面具有优势，但在另一方面也成为他们发展的瓶颈。

为了弥补自身人力资源不足，改善已有的扶贫模式与扶贫机制，拓展公共服务渠道，他们也正在积极地寻求转型，通过公益投标等方式寻求与本土社会组织的合作，提升贫困治理效率。草根社会组织因其本身的筹资能力有限、社会资本匮乏，也会积极争取与官办社会组织合作，推动自身发展。以中国扶贫基金会为例，近年来中国扶贫基金会通过公益招投标等方式筛选出有潜力的草根社会组织，开展相应的贫困治理项目。贫困治理项目主要是由扶贫基金会负责统筹规划、提供项目资金，而中标的社会组织则负责实施具体的扶贫项目，最后由扶贫基金会联合其他专家学者、政府官员进行监督评估。这一贫困治理方式，整合了扶贫资源，拓展了公共服务渠道，也在一定程度上促进了草根社会组织的发展，使其能够更好地实现自身的组织目标。

（三）草根社会组织之间的互动

目前，中国的草根社会组织在发展过程中存在法律、人力、资金、信任和知识等几大困境，很多草根组织无法依托正式的规章制度和程序进行日常运作，不得不寻求非正式的渠道进行运作以维持生存。基于这些困境，一些草根组织内部逐渐形成了做实事、平民化，扎根基层不涉及政治以及实现低成本操作等共识和规范。[①] 也有一些组织有效经营了社会网络，在与政府部门及国际社会组织的合作中，他们获得了足够的信息和资源。除此之外，草根社会组织内部之间的互动也是他们谋求发展、提升凝聚力、实现组织目标的一种手段。当然，这主要是以草根社会组织之间目标契合与资源共享为合作基础的，一旦社会组织之间缺少共通性，无法就合作达成一致，互动也就无从谈起。草根社会组织之间的互动，主要是以搭建学习交流平台、互通人力技术、互相监督评估等具体方式呈现的，通过这些互动，既可以共同为贫困群体服务，实现资源共享，也可以提升组织的发展能力和服务水平。

以秦巴山区的 8 家社会组织为例，秦巴山区大部分县均属国家级贫困县，近 20 年来，在帮助这些区域贫困农户和农村社区发展过程

---

① 朱建刚：《草根 NGO 与中国公民社会的成长》，《开放时代》2004 年第 6 期。

中，成长起了一批致力于农村发展的公益性组织，他们艰难地嵌入在公益认知缺失、公益支持缺乏的农村乡镇社区，以自己的服务和行动，推动着这些地域的公民社会的发展。秦巴山区农村发展公益组织学习平台是由仪陇县乡村发展协会、秦巴乡村发展研究中心、南部县乡村发展协会、大巴山生态与贫困问题研究会、宣汉县海福新农村综合发展协会、南江县贫困学生帮扶协会、西乡县妇女发展协会、南江县秦巴山新农村建设发展联合会 8 家机构在自愿的基础上于 2013 年 12 月组建而成。学习平台成立之初受到了南都公益基金会和北京永青农村发展基金会的资助和支持。学习平台机构在共同摸索中，在不断地磨合、争论甚至是争执的过程中，相互鼓励、取长补短、相互促进，有效地提升了农村社会服务的专业能力。①

在农村的贫困治理实践之中，草根社会组织内部的协作互动，可以更好地整合社会资本，发挥集团优势，充分调动贫困群体的内生力量，提升贫困治理效率。

三、社会组织内部自主型依赖关系的反思

参与贫困治理的各种社会组织之间存在着相互依赖的关系，这种关系的建立既是双方资源交换的结果，也取决于各种制度规章的建立与外部的社会环境。② 一般来说，社会组织在参与贫困治理过程之中会根据彼此的信任程度、资源需求程度与决策领导者的个人因素等，选

---

① 《秦巴山区农村公益发展组织学习平台 2014 年度工作总结》。
② 史柏年：《治理：社区建设的新视野》，《社会工作》2006 年第 7 期。

择拒绝、避免、默许与积极合作等策略。①

从长远来看，社会组织要想获得更大的发展空间，提升贫困治理效率，就必须积极与其他组织合作，在资金筹集、人员流动以及项目运转层面互通有无，促进资源整合，实现资源利用效率的最大化。只是因不同的社会组织都具有自身的发展价值观，加之外部贫困治理环境的复杂性，社会组织之间的协作依然停留在较低的发展层面。

在贫困治理实践之中，社会组织自身独特的价值观以及发展目标，一定程度上成为社会组织之间合作的障碍，使得贫困治理项目实施的效率不高，无法保证贫困治理的持续性。同时，一些本土社会组织与国际社会组织的关系是不平衡的，许多草根组织对国际援助存在着较强的依赖关系，并不利于草根社会组织的长远发展。比如，秦巴山区的仪陇县乡村发展协会、南江县秦巴山新农村建设发展联合会、宣汉海福奶牛协会、大巴山生态与贫困问题研究会、西乡县妇女发展协会、南部县乡村发展协会与通江县农户自立能力建设支持性服务社7家社会组织的建立与前期发展，均与国际社会组织的支持密不可分。但是近年来，随着国际社会组织的逐步撤出，本土支持社会组织发展的基金会极其有限，很多大型公募基金会的资源又基本上只在"体制内"运行，使得这7家机构缺少相应的资金，无法积极参与到农村贫困治理之中。②

总之，倡导与促进各类社会组织之间的互动合作，是保证社会组织生命力、提升社会组织贫困治理效能的关键要素之一，而只有积极

---

① 何艳玲、周晓锋、张鹏举：《边缘草根组织的行动策略及其解释》，《公共管理学报》2009年第1期。

② 参考秦巴山区7家社会组织《最终我们的呼吁》一文。

设置宽松的政策环境，搭建相应的交流沟通平台，整合各种人力、物质与社会资本，才能使得互动成为可能。

第三节　社会组织与贫困村民的
互信关系

在贫困治理过程中，社会组织与贫困村民的关系表面上看是一种外部输入与内部承接的关系，即主动输入与被动接受的关系，但就其本质而言，这是一种外援干预与内源发展相互适应和整合的过程，是二者互信机制逐步从无到有、从模糊松散到清晰规范的过程。在这个过程中，社会组织逐步实践着自己的组织理念，推行着贫困治理项目，在帮助贫困村民提升收入的同时，更注重培育贫困村民的自我组织与发展能力，使其能够实现自我脱贫。贫困村民则在与社会组织的交往过程中，不断提升着自身的发展技能，改变着自身的生活环境，最终实现内源式的发展。这个有些理想主义色彩的互动过程，却改变了很多贫困群体的生活，也改变了他们的发展思维。

一、社会组织的多元嵌入

现代性的贫困内涵并非只是单一的经济层面的贫困，而是涉及贫困群体的能力发展、贫困社区的文化价值观与贫困社区的社会结构调适等多维度的贫困，它本质上是一种社会性的存在，是人与人关系、地位的表达，具有社会属性。[①] 社会组织作为一种外在的贫困治理力量，可以通过各种方式嵌入贫困乡村的发展过程中，并能够依据其自身资源优势与专业化程度，适当地调适不同主体之间的关系，满足贫困群体的实际需求，提升贫困人口的自我发展能力。

从具体嵌入方式上看，一方面，社会组织注重从基础设施、生态环境、教育、医疗、技术、信息等多个领域嵌入贫困社区之中，满足不同贫困人群的异质性需求。另一方面，社会组织注重通过细致的调查分析，构建不同行动群体之间平等的对话机制，在项目的设立、监督、实施、评估等过程之中，都充分调动贫困群体的能动性与主体地位，促进本土智慧的培育和发展，维系贫困社区生态、文化和社会秩序的可持续发展。

社会组织在进入贫困村庄开展项目时，非常注重参与各种形式的社区发展活动，注重项目过程中社区群体的积极参与，重视贫困社区决策的平行化，呼吁更多的村民主动参与到社区建设之中。社会组织在需求调查、项目设计实施与中后期评估过程之中，都会投入大量的人力物力听取贫困村民的意见，在沟通讨论中开展扶贫项目。一些社会组织在云南省贫困山区开展的扶贫项目，项目内容主要涉及教育、卫生、环保和经济等多个方面，在当地的每个受助社区，他们都会鼓励选出包含一定数量妇女的发展委员会，代表该社区表达意见，培育她们自我发展的能力，重构社区互信互助的守望精神。在这个过程中，社会组织通过和贫困村民沟通交流，也逐渐学会了如何运用当地的传统文化更好地开展项目，进一步与村民建立互信的关系网络。

---

① 张帆：《现代性语境中的贫困与反贫困》，人民出版社 2009 年版。

二、贫困村民的主动参与

在社会组织的贫困治理过程中，贫困村民的积极参与是其能够顺利开展项目、提升贫困治理效率的关键。只有获得了贫困村民的信任，调动起他们的参与积极性，使其主动地寻找创造发展机会，才能有效实现外部输入与内源发展的结合。对于社会组织在贫困社区开展的项目，只要能够维护其发展利益、满足社区的整体发展需求，大部分村民都积极拥护并主动参与。当然，涉及某些产业项目，他们还是会根据自身的实际情况，在对利益与风险进行衡量比较之后再做出选择。一般而言，贫困村民的教育水平与技术能力并不高，要想让他们积极有效地参与到贫困治理项目之中，还需要社会组织的不断沟通培训，在互动交流之中建立起信任机制。

（一）参与缘由：利益争取与权利实践

面对社会组织对自身的扶助和支持，贫困村民会有一个选择的过程，会有一个接受与融入的过程。从表面上看，利益是影响贫困村民积极参与贫困治理项目的首要因素。一旦与自身利益直接相关或者间接相关，他们都会积极参与到项目发展过程之中，利益刺激始终是村民参与行为的主要动机之一。村民是否参与社会组织设计的各种项目以及参与的积极性程度，是其在衡量了能够获取的利益多少以及可能出现的风险之后做出的选择。[①] 在社会组织扶持的各种贫困治理项目之中，贫困村民对成本和收益的权衡渗透在项目选择、产品销售以及扶助资金的争取等众多领域，贫困村民希望通过项目的开展，获得更多

---

① 苏海：《扶贫开发中的村民参与研究》，华中师范大学 2012 年硕士学位论文。

的政策支持、扶持资金和发展资源，获取更多的现实收益，对外部利益的理解与追求始终影响着贫困村民的参与态度和实践。

实质上，贫困村民在贫困治理中的参与情况，反映出村民们对自身权利态度的变化。以往行政体系下的扶贫方式忽略了贫困村民主体地位的挖掘，使得贫困村民缺少机会与平台决定自己的发展道路，贫困村民的参与程度并不高。近年来社会组织设计的扶贫项目，灵活性更强一些，注重对贫困村民内在潜力的挖掘，贫困村民也希望通过积极参与贫困治理项目，获得社会的认可与尊重，享受相应的政治、经济与文化参与权利。社会组织凭借着赋权话语的倡导，以及对地方性文化的承认和融合，将其现代性的诉求渗透到地方性知识当中，一定程度上改变了村民的权利弱势地位。而贫困村民则以此为基础，在项目的开展过程之中，反思传统的发展理念，逐步适应社会组织的支持方式，理性地辨别贫困项目的实施方式与实施前景，在项目实施的过程之中争取相应的权利。

（二）参与方式：自组织网络的搭建

针对社会组织的扶持与救助，贫困村民一旦决定了参与，搭建自组织网络就成为其参与的主要方式和载体。自组织是贫困村民在共同的发展利益基础上建立起来的社会组织，贫困村民们可以通过自组织网络的搭建，加强彼此间的信任关系，发挥村民们的集体智慧，共同抵御自然和市场风险，发展社区经济。自组织一般包括正式的自组织与非正式的自组织两种形式，正式的自组织一般通过村民们的集体讨论合作，建立相应的组织架构和规章制度，定期开展社区活动。非正式的自组织一般以松散、临时的集体讨论形式出现，缺少固定的规章制度。无论是哪种类型的自组织，都可以培养和训练贫困群体的责任感、合作意识和经济理性，提高他们自主发现、经营反贫困项目的能力。贫困村民通过搭建社区自组织网络，可以推动乡村贫困治理结构的转型，将以往行政主导的扶贫方式转变为民主协商、合作互助的关系，建立横向多元合作的网络结构，提高乡村治理绩效的有效工具，激发村民对于公共事务的参与热情。[①]

在社会组织参与贫困治理的过程中，只有贫困村民积极主动地配合，搭建二者的互信机制，才能确保贫困治理项目的持续稳定。社会组织采用参与式的社区治理方式，注重贫困村民自主参与项目设计、实施与监督评估，[②]能够在一定程度上改变贫困群体依赖式的心理状况与思维方式，使其树立内源式发展的理念，掌握自我发展与持续发展的技术能力，深化社区发展的内生动力。

在与社会组织的沟通接触之中，贫困村民可以通过各种自组织网络的搭建，对自身发展进行理性思考，逐渐摆脱依赖，走向自主与独立。比如云南草根社会组织绿色流域实施的参与式流域管理项目，就是通过协助拉市海旁边的贫困村庄成立流域管理小组，由绿色流域提供相应资金，村民自我组织起来，集思广益，主动参与维护河道、蓄水灌排、陡坡植树等工作，他们发展果园，开展有机农业，实施沼气化建设，恢复流域生态，排除滑坡泥石流隐患。一个常年遭受洪灾的贫困村不再受灾，还实现了减贫，并促进了人与自然和谐共处。

三、社会组织与村民互信机制的建构及反思

社会组织与贫困村民互信机制的建构是调动贫困村民参与积极性、

---

① 张兵、王仕军：《社区自组织建设：乡村治理的一种新思维》，《传承》2009 年第 7 期。
② 王国良、李小云：《参与式扶贫培训教程》，中国财政经济出版社 2003 年版。

实现外部扶贫资源利用效率最大化的关键。信任作为一种社会资本可以促使群体间社会关系的稳固发展，良好信任机制的建立对村民参与积极性的调动和贫困社区发展有着积极的作用，它可以成为各群体间关系的纽带，并以一种无形的文化力量促进社区整合。

对社会组织而言，社会组织与贫困村民信任机制的建立，是需要一定条件的。这主要体现在以下几点：一是贫困治理项目要真正符合村民的发展需求，是在充分调查实践的基础上设计的；二是实施项目过程中，要充分利用本地传统文化及人际关系，挖掘贫困社区的内部发展潜力；三是要通过各种制度化的措施，保证项目的持续性及公平性；四是要通过搭建各种自组织网络，推进行动主体间的有效沟通交流。传统的社区信任是基于道德理念和宗法人伦的，这样的信任成为村民参与社区建设、维系村庄稳定和发展的重要条件。现代化下的社区信任则更多的是基于利益的契约型信任，这种信任逐渐成为村民进行参与的准绳。在这种情况下，制度设计就要成为主要的信任基础，社会组织的介入必须存在一个外部监督机制，来维持行动者的信任关系，各方要充分协商，做出决策并加以执行。

对贫困村民而言，为他们的利益而进行的贫困治理工作，还是要依靠他们自己的内生力量，他们通过长期发展获得的知识和经验是抗击各种风险的重要保障，是反贫困事业具备可持续发展和适应能力最稳妥的基础。援助者通过肯定贫困群体的知识和经验，并且自主地利用和建设它们，就是在重建自己的生活世界。而这其中，作为援助者的社会组织的任务就是在某种程度上把他们的思想和贫困者的洞见结合起来，再生产出贫困群体所需要的核心价值，不一定以不变的方式，而是以一个能够保存其特殊群体生活的方式进行再生产。① 在这个过程中，社会组织扮演的是阐释者和解读者的角色，不再是传统意义上的立法者和评判人，这是二者互信机制得以持续的关键，也是贫困治理工作得以持续的主要原因。

① 阿帕杜雷：《印度西部农村技术与价值的再生产》，载许宝强、汪晖选编：《发展的幻象》，中央编译出版社 2001 年版。

第四节　社会组织参与农村贫困治理的
互动关系框架

　　从治理理论的角度来看，处于自组织网络中的各种参与者在某些特定领域可以拥有网络权威，他们通过商讨互动式的程序技术来处理公共事务，可以具备更高的行动灵活性。因为在相互依赖的信息社会里，社会的复杂性、多元性、分散性比以往任何社会都急剧增加，人们依赖传统单一的等级官僚协调模式来管理控制社会，其失效的可能性也大为增加，①所以，建立一个有效的动员与整合机制来促进行动主体间的互动合作，才是达到"善治"的关键。根据"权力互赖"的概念，任何投身于集体行动的组织都需要借助其他组织的力量来进行资源交换并通过协调合作，才能达成共同的集体性目标，这便要求网络参与者要建立起一种彼此信任和基于规则的互动模式。②新时期要提升中国的贫困治理效率，其关键就在于包括政府在内的各行动主体间社会网络互动体系的构建、信任关系的形成与合作方式的建立（见图 5-2）。

---

① 韦深涉：《西方治理理论的价值取向与理论困境》，《广西大学学报（哲学社会科学版）》2007 年第 8 期。

② 李泉：《治理理论的谱系与转型中国》，《复旦学报（社会科学版）》2012 年第 6 期。

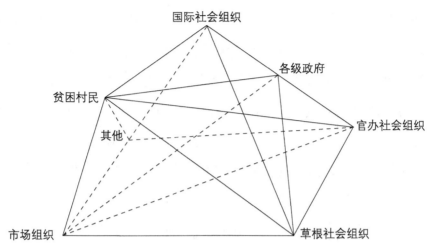

图 5-2　社会组织参与农村贫困治理的互动关系框架

社会组织参与农村贫困治理的互动关系框架，包括社会组织与各级政府组织、社会组织与市场组织、不同类型社会组织内部之间的互动。社会组织各个行动主体间贫困治理网络的构建，可以尽可能地吸收多种社会资源参与到贫困治理过程之中，扩大贫困治理体系的组织和资源吸纳能力，实现治理系统的有序化、规范化和可操作化。[1]一个完整的贫困治理流程包括事前的预测与评估、事中的治理以及事后的恢复与缓解等阶段。在每个贫困治理阶段，都需要政府组织、市场组织、各类社会组织与贫困村民等各治理主体之间搭建沟通互动平台，共同协商处理贫困地域的公共事务。但是，在现实的贫困治理实践中，各行动主体在识别贫困户、项目选择与实施、项目监测与评估等实际操作过程中，依然存在着权力失衡和诸多合作障碍，无法达到最佳参与度。

以哈贝马斯的沟通理性为基础，不同行动主体之间存在理念与方

---

① 郭劲光：《中国农村脆弱性贫困再解构及其治理》，《改革》2006 年第 11 期。

式的区别是一种常态，但是在异质性的环境之中，依然可以找到同质性的知识体系和行动准则。社会组织在参与贫困治理的过程中，同样需要各个主体之间彼此的认同、理解和接受，并通过协调互动的沟通行动，建立起行动者之间的社会信任机制，形成对当地文化知识的理解和解释性规范的储存，达到对贫困地区地方性文化知识的传播、保存和更新，满足社会整合和群体团结的需要，[①] 促进贫困治理效率的提升。

社会组织是嵌于具体的、持续运转的社会关系之中的行动者，行动者不能只是自私地追求眼前利益，而是要集中在与其他行动者之间培育长期的合作关系。对政府而言，政府需要通过新的社会政策工具，将社会组织纳入体制框架，实现政府行动与社会行动的有机结合，进入国家社会化和社会国家化的互动过程。[②] 而社会组织也具有反思性，能够在结构限制下重新阐明自身的身份和利益，并且能够在他们当前的处境中进行策略计算。所以，他们也会为了自身的生存，为了提升贫困治理效能，而积极嵌入政府政策及贫困社区的社会结构之中。

社会组织同样需要积极嵌入贫困区域政府的政策性行动与贫困村民的自主性行动之间，以提升自身参与贫困治理效率。目前，不同类型社会组织在实际的贫困治理项目实施过程中，更多的还是依靠组织负责人自身的官员背景，或者是与某些领导的良好的个人关系，抑或是依托国际社会组织的外部支持，才会在策略层面嵌入贫困社区的经

---

① 黄承伟、苏海、向德平：《沟通理性与贫困农村参与式扶贫的完善路径》，《中共福建省委党校学报》2015 年第 3 期。

② 陈伟东、孔娜娜、卢爱国：《政府行动与社会行动衔接：中国社区发展战略》，《社会主义研究》2010 年第 5 期。

济社会结构之中，在基层的项目实践中避免了一些内外的发展阻碍。而在与贫困村民的交往过程之中，也依然存在着一些强制输入与被动接受的情况，更多地依赖于乡村精英的作用，缺少一种长期的规范的制度化关系，因此，需要出台相应的政策规章，以制度的形式明晰不同主体的行动角色和责任，真正实现参与贫困治理主体间的互动合作。

　　总之，在参与农村贫困治理过程之中，社会组织与其他行动主体的关系是非常复杂的，既会有冲突也会有合作，绝非简单的线性稳定关系。但从长远来看，终究还是要走向彼此信任合作的伙伴关系，这是提升贫困治理效率、实现各行动主体间互利共赢的唯一道路。一般来说，合作关系越强越会使行动各方具有强烈的义务感与责任感，共同整合资源，提升贫困治理效能。但是，在实际的贫困治理项目开展过程之中，也要避免使关系网络配置资源成为一种特殊主义的利益分配方式，使资源配置难以达到最优化，要积极地维护与拓展彼此的合作关系。贫困治理主体间的关系维护与拓展，一方面，需要政策与制度的介入，明确的法律规范、公开的信息分享、制度化的沟通平台，是促进各方形成互惠合作基础上的制度信任的关键。[①]另一方面，也需要各个行动主体积极嵌入对方的生活场域之中，要在实践领域加强各个主体间的互动，积极开拓有着双方共同利益的合作局面，明确各方的利益关切，在尊重对方自主权力的基础上，嵌入当地的社会文化背景之中，求同存异，以贫困群体的需求为主要导向，促进相互理解和信任。

---

① 张超、吴春梅：《社会组织参与农村公共服务的激励》，《经济与管理研究》2011 年第 7 期。

第六章

社会组织参与农村贫困治理的角色定位

宏观来看，中国社会组织的产生及其参与农村贫困治理，是国家政治、经济、社会发展的产物，反过来也进一步推动了国家经济社会的发展转型以及农村贫困治理范式的转变。因此，探讨社会组织参与农村贫困治理的角色定位，有必要从宏观理论层面探讨国家与社会的关系，以及中国国家治理过程中社会力量的角色变化、不同扶贫理念下社会组织的角色作用。同时，中国社会组织参与农村贫困治理制度环境的演变历程，反映出国家和政府对于社会组织参与贫困治理的认同和建构，也从政策层面影响和规定了社会组织参与农村贫困治理的合法性和角色地位。而社会组织参与农村贫困治理主体类型和运行机制的多样性，以及参与贫困治理过程中社会组织与各行动主体的互动关系，则从微观和实践层面形塑了社会组织参与农村贫困治理的具体角色定位。

　　明确社会组织参与农村贫困治理的角色定位具有十分重要的意义。在理论层面，有利于理解不同类型社会组织参与农村贫困治理的行动逻辑，丰富和提高中国农村贫困治理的研究内容和理论水平；在实践层面，为政府部门及社会组织从具体问题出发，建立健全促进社会组织参与农村贫困治理及国家治理的政策法规、机制模式提供了必要的基础。本章将从国家—社会关系理论的分析观点出发，基于中国国家治理过程中社会力量的角色变化以及不同扶贫理念下社会组织的角色定位，结合中国社会组织参与农村贫困治理的制度环境的变迁历程，以及不同类型社会组织参与中国不同地区农村贫困治理的实践，从宏观到具体、从纵向到横向的不同角度，讨论理论和实践背景下社会组织参与中国农村贫困治理的角色定位。

第一节 社会组织参与农村贫困治理角色定位的理论分析

在西方，社会组织也被称为非政府组织、第三部门等，表征其作为区别于政府部门、市场组织而独立存在的一种社会组织形式。在中国，社会组织的兴起和成长更以国家能力的连续性和稳定性以及社会结构的不断分解、重组和结合为背景。[①] 因此，结合社会组织参与农村贫困治理的实践历程及其基本特征，国家与社会关系的分析应成为理解社会组织参与农村贫困治理角色定位的主要理论视角。即国家与社会关系理论的基本观点，以及有关中国国家治理过程中社会力量角色变化的分析和不同扶贫理念下社会组织角色、作用的研究，我们分别从宏观、中观和微观的理论层面揭示社会组织参与农村贫困治理的角色定位及其发展变迁，共同构成社会组织参与农村贫困治理角色定位研究的理论基础。

一、"国家—社会"关系理论的基本观点

国家通常被看作一种制度实体，这种制度实体运用相关符号系统来解释其权威性。它代表并规范各种社会利益与权力关系，并通过行

---

① 彭铭刚：《国家—社会理论视域下的中国非政府组织及其发展》，《求索》2012 年第 9 期。

使合法性的政治权力来统治和管理一定领土范围内的居民，以维持特定历史时期内的社会秩序。与之相对应，社会则是国家概念之外的非政治领域，包括了经济、文化等领域的安排、规则和制度等。①世界历史发展进程中，国家与社会的关系呈现此消彼长、复杂多变的特征，对这一关系的讨论也成为社会科学研究的重要课题。

学术界有关国家与社会关系的研究，总体上形成了国家与社会关系的"二元论"，以及国家与社会的"互动论"两种主要论述。"二元论"起源于启蒙运动时期的"社会本体论"，以及以黑格尔为代表的"国家本体论"，并在传统政治哲学影响下形成了以"社会中心主义"和"国家中心主义"为内容的"国家—社会"二元模式。20世纪出现的市民社会理论及法团主义理论代表了这一理论模式的基本观点，即国家与社会之间零和博弈的关系。"互动论"则是20世纪90年代以后在批判"二元论"的基础上形成，并产生了"国家在社会中"、国家与社会共治等概念。

（一）市民社会理论

市民社会是对"Civil Society"一词最常使用的翻译，其他表述还包括公民社会、民间社会等，是指处于国家（政治领域）与家庭（私人领域）之间具有相对独立地位与自治性的社会领域。②严格来讲，市民社会理论可以划分为三个历史发展阶段或三种理论形态，即古典市民社会理论、现代市民社会理论和当代市民社会理论。古典市民社会

---

① 王建生：《西方国家与社会关系理论流变》，《河南大学学报（社会科学版）》2010年第6期。

② 赵斌：《市民社会抑或法团主义？——改革开放后中国国家—社会关系研究述评》，《安徽史学》2013年第6期。

理论起源于古希腊城邦政治哲学，主张将政治社会（国家）等同于市民社会；现代市民社会的理论概念主要是由黑格尔提出并由马克思加以完善，坚持国家—社会的二分法，将市民社会与政治国家看作两个相对独立的领域；当代西方市民社会理论则提出国家—经济—市民社会的三分法，主张将经济领域从市民社会中分离，认为市民社会应该由社会和文化领域构成，并强调其社会整合的功能和文化传播与再生产的功能。①

市民社会理论的核心观点强调了社会是独立于国家之外的社会领域，社会具有自我组织的能力和独立性，并且能影响国家的政策制定和制衡国家的权力。②戈登·怀特认为，市民社会反映了一种界定国家与社会关系的尝试，将国家与社会区分为两个相互分离的领域，暗示了国家与社会之间的一种权力关系，这种权力能够限制国家渗透与控制社会的能力，使其成员免受国家权力的侵害；在自主的社会权力与空间领域，市民社会意味着由社会成员志愿组织起来的结社领域。③因此，国家与社会的分离、社会的自主性与独立地位以及社会对于国家的制约能力是衡量市民社会的三个重要尺度。④

（二）法团主义理论

法团主义（Corporatism），也被译为统合主义、合作主义或社团主义等，也是理解国家与社会关系的经典理论之一。法团主义理论可追溯至

---

① 易承志：《市民社会理论的历史回溯》，《云南行政学院学报》2009年第5期。
② 彭铭刚：《国家—社会理论视域下的中国非政府组织及其发展》，《求索》2012年第9期。
③ Gordon White."Prospects of civil society in china: a case study of shaoshan city."*The Australian Journal of Chinese Affairs*,1993, 29,pp.63-87.
④ 赵斌：《市民社会抑或法团主义？——改革开放后中国国家—社会关系研究述评》，《安徽史学》2013年第6期。

《圣经》、古希腊和古罗马的传统，尤其是中世纪的天主教思想、社会有机体论以及民族主义观念对于现代法团主义观念的形成有重要影响。[1]

法团主义理论强调国家对于市民社会的参与、控制以及国家与社会之间制度化的联系渠道。[2]这一分析框架既强调国家的力量，也强调社会的参与，国家、社会之间的互动关系并不是国家对抗社会，而是国家整合社会，进而构成了一个统一和谐的整体。[3]根据20世纪70年代著名学者施密特的经典定义，法团主义是指"一种利益代表的系统"，这个系统的组成单位被组织到数量有限的，具有单一的、强制的、非竞争关系的、等级制的、功能分化等特征的各个部门之中。这些部门得到国家的承认或者授权成立（如果不是由国家直接创建的话），并被授予其在各领域中垄断利益代表的地位，作为交换条件，国家对这些部门的领袖选择和需求表达享有一定程度的控制权。[4]基于政府与社会组织之间权力关系的差异，施密特进一步区分了国家法团主义及社会法团主义两种类型。国家法团主义主要与反自由主义和落后的资本主义相互影响，社会法团主义与发达的资本主义和完善的社会福利相辅相成；国家法团主义主张国家的积极作用，是一种自上而下的"国家—社会"治理模式，而社会法团主义则主张社会组织的积极作用，是一种自下而上的社会治理模式。同时，二者都采取相互协调

---

[1]　张静：《法团主义》，社会科学文献出版社1998年版。

[2]　范明林：《非政府组织与政府的互动关系——基于法团主义和市民社会视角的比较个案研究》，《社会学研究》2010年第3期。

[3]　赵斌：《市民社会抑或法团主义？——改革开放后中国国家—社会关系研究述评》，《安徽史学》2013年第6期。

[4]　P.C.Schmitter. "Still the century of corporatism?" *The Review of Politics*, Vol.36. no.1,1974,pp.93-94.

一致的社会与国家利益协调机制和关系。①

（三）国家与社会互动论

20 世纪 90 年代以后，有关国家与社会关系的国家本体论和社会本体论二分研究视角，以及国家与社会"零和博弈"关系的传统观念逐渐被打破。②一些学者相继提出"国家在社会中"、国家与社会共治、公私合作伙伴关系等概念，即认为国家与社会存在合作、互补的关系，形成了国家与社会互惠互利与"非零和博弈"的互动论。

国家与社会互动论的核心是探讨国家与社会之间的相互制约与相互合作关系，强调一方不能离开另一方单独发生作用，主张分解国家与社会的宏大概念，将国家与社会看作不同部分之间的相互交织。③乔治·米格代尔等人在吸收和借鉴法团主义的基础上，尝试抛弃过往解释社会转型时倾向某一方的、"独立"式的分析思路（如仅仅关注政治权威的转型等），强调从双向视角，即在国家与社会的相互冲突、适应和创制之中理解各方发生的变化，开创了一种所谓"处于社会中的国家"（State in society）的分析思路。他进一步指出，国家与社会都不是固定不变的实体，它们的结构、目标、支持者、规则等都在相互作用的过程中不断调整和适应。④在这一概念中，他提出社会由包括正式组织、非正式组织以及社会运动等观念联合体在内的不同社会力量构成，社会力量之间也会在不同领域进行社会主导权争取的联盟或竞争，国

① 毕素华：《法团主义与中国社会组织发展的理论探析》，《哲学研究》2014 年第 5 期。
② 刘欣：《社区公共性重建：村民参与的实践探索》，华中师范大学 2014 年硕士学位论文。
③ 李姿姿：《国家与社会互动理论研究述评》，《学术界》2008 年第 1 期。
④ Joel S. Migdal. *State in society: Studying how states and societies transform and constitute one another*, Cambridge:Cambridge University Press,2001,p.57. 转引自李婷婷：《当代中国国家—社会关系研究论域与展望》，《社会主义研究》2011 年第 6 期。

家与社会的互动呈现多元性特征。[①] 此外，国家与社会共治理论则认为国家与社会、公与私之间并没有明确界限，公民参与可以加强国家力量，国家可以通过一定的制度安排嵌入社会或让公众参与公共服务，实现国家与社会共治。

二、社会力量在中国国家治理中的角色变化

国家与社会关系的理论模式是研究国家治理历史和逻辑问题的前提，也是理解中国国家与社会关系变迁的重要视角。从"治理"强调"特定范围内行使权威以增进公众利益"的内涵出发，国家治理突出了除政府作为元治理者以外，社会组织及其他类型主体参与公共事务、维护公共秩序的合法性，即将社会团体和组织纳入公共权力视野，形成相应的国家治理体系。因此，在国家与社会关系的宏观视域下，国家治理就表现为政府与社会力量的互动关系，或者说社会力量在国家治理中的角色和作用。中华人民共和国成立以来，中国的国家治理可以分为三个阶段，即计划经济时期全能政府下的社会"缺位"、改革开放后体制转型下政府与社会的合作共存以及新时代治理体系下"社会"治理角色的凸显。分析概括不同阶段社会力量在国家治理中的角色变化，有助于从国家社会关系理论的中观层面理解和解释社会组织参与农村贫困治理的角色作用。

（一）计划经济时期全能政府下的社会"缺位"

中华人民共和国成立后，中国获得了独立的国家主权以及权力公共性的回归，为构建现代国家奠定了必要的政治基础。然而，由于中

---

① Joel S. Migdal. *State in Society: Studying How State and Society Transform and Constitute one another*, Cambridge: Cambridge University Press, 2001.

华人民共和国成立初期特殊的国内外形势，中国将推动现代国家经济发展作为最迫切的任务，在一定程度上忽视了促进与现代国家制度建构相匹配的现代社会的发育和成长。这一时期，通过建立高度集中的计划经济体制，不仅构建了从社会汲取资源的制度通道，也在此基础上形成了全能型的政府以及国家对社会的全面控制。与国家权力超限度、非理性的扩张相比，社会组织力量则呈现相对的弱化和缺失，国内社会组织发展缓慢无序，形成了强国家—弱社会的基本格局，国家与社会之间是一种"资源汲取—资源供给"的单向度关系。[1] 因此，就国家与社会的关系看，国家通过高度集中的政治经济体制，形成了对社会资源的强大动员能力和直接控制权。这虽然为经济发展提供了有利条件，但也导致社会缺少与国家合作的动力，社会自治能力极弱。

学者将计划经济时期国家治理的形式概括为运动式治理、总体性治理，指代由国家发动的，且国家机构在动员和组织过程中扮演核心角色，具有"非制度化、非常规化和非专业化特征"。[2] 依靠中国共产党的组织传统和组织优势，国家获得了对社会成员以及各类社会组织的高度的支配和动员能力。[3] 换言之，在实现分散社会再组织化的过程中，中国共产党构建了以自己为轴心的、全新的国家治理体系，[4] 与高度集中的计划经济体制相适应，形成了高度集权的全能型政府，政府

---

[1] 李璐、冯宏良：《现代国家构建：社会管理创新的政治意蕴》，《社会主义研究》2012年第5期。

[2] 冯仕政：《中国国家运动的形成与变异：基于政体的整体性解释》，《开放时代》2011年第1期。

[3] 孙培军：《运动国家：历史和现实之间——对新中国成立60年以来中国政治发展经验和反思的考察》，《理论与改革》2009年第6期。

[4] 余金刚：《群众路线与中国国家治理：以国家和社会关系为视角的分析》，《社会主义研究》2014年第6期。

的权力无所不包、行为无所不及、范围无所不在，社会显然处于"缺位"的状态。

（二）改革开放后体制转型下政府与社会的合作共存

1978 年，中国开始实行改革开放，也标志着中国开始进入全面的现代国家构建进程。政府逐渐从以计划经济体制全面控制社会生活的角色，向放松控制、重构社会经济结构、培育和发展市场经济和社会力量，并调整政治权力运行的角色转变，国家治理的结构得到调整，国家与社会的关系出现了新的变化。[1]

中国改革开放取得成功显示了一个强有力政府对于提高改革效率、抵御改革风险以及维护社会公平的重要意义。然而，这一传统的"国家—社会"动员模式也造成了社会公共性的真空，并影响到改革开放的稳定进行。伴随改革进程推进，中国政治改革提出并不断推进了"小政府—大社会"的现代改革框架。即回归政府的公共职能本位，以及提升社会的主体地位，强调社会自我管理、自我服务的意义。[2] 从社会发展看，市场经济体制改革推动了社会经济发展水平的提高，由此也加快了社会结构的分化。社会主体的自主性和独立性得到拓展，逐渐形成了相对独立的社会资源供给者。[3] 这一时期，社会组织的数量、类型不断增加，并在提供社会服务、倡导公益精神等公共领域发挥日益明显的作用，在一定程度上奠定了公民社会的组织基础，逐渐改变了强国家、弱社会的局面，并以其日益独立的发展趋势对传统国家治

---

① 李璐、冯宏良：《现代国家构建：社会管理创新的政治意蕴》，《社会主义研究》2012 年第 5 期。

② 籍磊：《和谐社会建设：多元化社会治理结构》，《中国发展观察》2006 年第 9 期。

③ 李璐、冯宏良：《现代国家构建：社会管理创新的政治意蕴》，《社会主义研究》2012 年第 5 期。

理观念和治理结构产生影响，国家治理形式出现了政府与社会力量合作共存的特征。即国家通过有效整合体制内资源，以及吸纳日益增多的体制外资源，在旧的治理体系基础上重构现代治理结构，形成了政府与社会合作共存、"综合治理"的国家治理方式。可以说，中国国家治理方式的变革是在社会转型背景下进行的，社会成长为国家治理方式转型提供了内在动力及有利环境，国家治理方式的演变也为社会成长创造了更有效的政治空间。[①]

（三）新时代治理体系下"社会"治理角色凸显

21世纪以来，中国面临的国内外环境均出现了新的变化。公民社会发育、国家与社会之间的良性互动以及社会治理创新实践的推进，共同推动国家治理进入新的阶段。[②]伴随国家民主法治建设以及政府职能改革，公民民主意识和参与意识逐渐增强。加之市场经济发展条件下社会阶层分化的进一步加剧，尤其是国家对社会组织等公民社会团体认识和态度的转变，现实需求以及制度环境的改善均为社会组织产生发展提供了有利环境。与此同时，发达国家治理变迁中的现代性困境、发展中国家治理变迁中的包容性困境以及转型国家治理变迁中的制度性困境等问题，也日益引起全世界对国家治理体系和治理能力问题的关注。[③]2013年，中共十八届三中全会提出，中国全面深化改革的目标是完善和发展中国特色社会主义制度，推进国家治理体系和治理

① 堂皇凤：《社会成长与国家治理——以中国社会治安综合治理为分析对象》，《中南大学学报（社会科学版）》2007年第2期。

② 李璐、冯宏良：《现代国家构建：社会管理创新的政治意蕴》，《社会主义研究》2012年第5期。

③ 时和兴：《国家治理变迁的困境及其反思：一种比较观点》，《当代世界与社会主义》2014年第1期。

能力的现代化。

国家治理体系现代化的一个重要特征，就是更加体现国家对社会控制能力的主动放松，以及对社会力量发展的鼓励和宽容。尤其在现阶段，中国社会组织迎来了顶层制度设计和多项重大改革的全新阶段。在全面深化改革与全面推进依法治国的历史背景下，社会组织被纳入经济社会发展的全局谋划，开启了制度化进入公共治理空间通道并成为治理体系的重要主体。社会组织不仅获得了生存发展的法治保障和有利制度环境，也以其在社会公共领域的积极作用而被进一步寄望成为社会治理领域的重要自治主体。社会组织正从"政府的助手"变为"政府的合作者"，日益成为国家治理体系不可或缺的组成部分，并在提高公共服务质量以及社会建设水平等方面扮演重要角色。

三、不同扶贫理念下社会组织的角色分析

农村贫困治理是中国国家经济社会建设的基本任务，也是国家治理的重要组成部分。解决农村贫困人口温饱问题以及促进贫困地区全面发展的扶贫开发，始终与中国经济社会发展、实现工业化和现代化的战略进程紧密相连，并在国家经济发展、社会建设过程中逐步形成了不同的扶贫开发阶段。从扶贫开发的理念和方式看，中国的农村贫困治理经历了救济式扶贫到开发式扶贫、参与式扶贫的转变。同时，基于不同的扶贫阶段和扶贫理念，学术界也对社会组织的角色和作用形成了不同的观点。

（一）救济式扶贫下社会组织的角色与作用

救济式扶贫是中国农村扶贫最初采取的扶贫方式。中华人民共和国成立后至 1986 年以前，中国农村扶贫呈现出一种道义性的、慈善性

的救济行为，即政府直接通过各基层政府把生活所需的粮食、衣物等物资或现金分配给贫困农户，帮助贫困人口渡过难关。[①] 这种"输血"式的扶贫模式是通过政府的财政转移支付实现的，且主要用于生活救济，以缓解贫困人口的生存危机。早期救济式扶贫的对象主要是丧失劳动能力、无人抚养或赡养的农村"五保户"、特困户和其他生活困难群体，救济形式主要表现为政府提供的社会救济、自然灾害救济、优抚安置等，以实物的生活救济为主。[②] 到了 20 世纪 80 年代，国家开始逐步推进区域性的专项扶贫计划，救济式扶贫的范围进一步扩大，国家也从财政、物资和技术上给予扶持，目标更加明确、政策措施更加全面。

救济式扶贫的理念与贫困问题研究的早期观点有关。即贫困主要被视为一种经济现象，是由于经济剥夺和物质匮乏而导致生活水平低于一定标准的现象。因此，扶贫的关键是从经济层面对贫困者进行物质资本的救助，即由国家和社会为贫困者提供一定的经济支持和物质救助，保障其基本生活水平。[③] 在西方，民间慈善组织、社会团体成为救济式扶贫的主要供给主体，如英国早期的济贫院。中华人民共和国成立初期，中国在计划经济体制的基础上形成了总体性的社会管理模式。国家具有强大的资源动员能力和汲取能力，社会力量发育不足，加上社会主义体制的要求，消除贫困被视为政府责任，因而形成了政府主导的农村扶贫，各级政府成为救济式扶贫的主体。一方面，国家

---

① 陈端计、詹向阳、何志远:《新中国 56 年来反贫困的回顾与反思》,《青海社会科学》2006 年第 1 期。

② 陈标平、胡传明:《建国 60 年中国农村反贫困模式演进与基本经验》,《求索》2009 年第 7 期。

③ 刘敏:《贫困治理范式的转变——兼论其政策意义》,《甘肃社会科学》2009 年第 5 期。

尚未形成农村扶贫开发的正式制度安排，亦缺乏对社会组织参与农村贫困治理的理念和意识；另一方面，一批政府部门领导下的人民团体、群众组织等在国家动员和号召下，开始在农村进行相应的贫困治理活动，例如全国妇女联合会、工商界联合会等。但总体上看，社会组织在救济式的扶贫理念下是缺位的或者说是被忽视的。

（二）开发式扶贫下社会组织的角色与作用

物质资本救助是扶贫开发的基础，但仅靠物质资本救助并不能解决贫困问题。伴随经济社会的发展，强调扶贫"输血"功能的救济式扶贫越来越受到质疑，尤其是意识到贫困问题可能关涉能力低下、社会排斥等更多深层次因素时。20 世纪 60 年代，美国经济学家舒尔茨和贝克尔等人提出了人力资本理论。人们开始认识到人力资本在扶贫开发中的作用，一种新的强调人力资本开发的开发式扶贫理念逐渐兴起。[1] 开发式扶贫，也被称为"造血"式扶贫，是指扶贫主体通过投入一定的扶贫资源扶持贫困地区和农户，以改善其生产和生活条件，帮助其发展生产，提高他们的教育和文化科技水平，促进贫困地区和农户生产自救，使其逐步走上脱贫致富道路的扶贫行为方式。[2]

1986 年，中国成立了专门的扶贫工作机构——国务院贫困地区经济开发领导小组（1993 年改为国务院扶贫开发领导小组），开始在全国实施有计划、有组织和大规模的开发式扶贫。而伴随改革开放的推进，中国的社会力量重新发育，一大批社会组织迅速发展。加之国际社会组织也已进入中国扶贫领域，社会组织开始在农村贫困治理中发挥作

---

① 刘敏：《贫困治理范式的转变——兼论其政策意义》，《甘肃社会科学》2009 年第 5 期。
② 陈端计、詹向阳、何志远：《新中国 56 年来反贫困的回顾与反思》，《青海社会科学》2006 年第 1 期。

用。同时，1994 年国家颁布《国家八七扶贫攻坚计划》，明确提出要动员社会各界力量，力争用 7 年左右的时间，到 2000 年底基本解决农村贫困人口的温饱问题，中国政府开始建立社会组织参与农村贫困治理的有利制度环境。

从中国农村扶贫开发政策变迁看，政府始终支持和鼓励社会组织参与扶贫，并把反贫困看成全社会的一件大事。且国家支持政策的演变也反映出政府对社会组织作用认识的提高是一个循序渐进的过程。[①] 在开发式扶贫理念下，社会组织参与农村贫困治理的角色和作用也日益受到政府及学界的重视。与政府扶贫相比，社会组织在成本控制、扶贫效率、灵活创新等方面具有弥补政府缺陷的优势，同时在公益价值取向、专业技能、整合资源、贴近民众等方面又具有独特的优势，这些构成了社会组织参与农村贫困治理的必要条件，也是其在开发式扶贫过程中发挥积极作用的重要体现。

（三）参与式扶贫下社会组织的角色与作用

20 世纪 70 年代，国际农业研究网络发起的绿色革命运动发现，回应农户的发展需求有利于提高减贫方案的针对性和有效性，由此产生了参与式的扶贫方法。[②] 而伴随社会排斥概念的兴起，人们逐渐认识到贫困不仅是一种经济剥夺、物质匮乏、能力低下的个人现象，更是一种权利剥夺、社会排斥的社会现象。由此，强调社会资本投资的参与

[①] 曲天军：《非政府组织对中国扶贫成果的贡献分析及其发展建议》，《农业经济问题》2002 年第 9 期。

[②] 黄承伟、刘欣：《"十二五"时期中国反贫困理论研究述评》，《云南民族大学学报（哲学社会科学版）》2016 年第 3 期。

式扶贫方式开始在全球兴起。[①]自 20 世纪 90 年代开始，这一理念尤其为世界银行等一批国际组织推广和应用。到了 21 世纪初，参与式扶贫被引入中国，对中国的扶贫理念和方式产生了广泛影响。

参与式扶贫认为，贫困不仅是一种低收入和缺乏能力的状态，更是一个在经济、政治和社会活动中因参与不足而被边缘化的过程。因此，要从根本上消除贫困，必须促进贫困者的社会整合与社会融入。其核心是加强政府、市场、社会组织、社区和贫困者等社会各界的参与，构建各种政策伙伴关系，运用社会资本共同协助贫困人口。与传统扶贫方式相比，参与式扶贫更加强调包括政府、企业界、社会组织、社区等多元主体的共同治理，社区共同体内横向层面的多部门合作，贫困者的主体性、参与性以及贫困者的社会参与和社会资本建设。在这一扶贫理念下，社会组织被视为重要的行动主体，且能够与政府、企业组织、社区组织等建立合作伙伴关系、共同治理贫困。[③]在中国，参与式扶贫是社会组织扶贫主要的理念和方式，并影响到政府主导的扶贫开发。部分地区在推动整村推进、小额信贷、妇女反贫困等扶贫项目的实施过程中，开始建立政府部门与本土社会组织的合作，发挥社会组织的草根性和灵活性优势，在促进贫困人口参与、提高扶贫项目的针对性和可持续性等方面产生了积极作用。而国际机构作为参与式扶贫的首要倡导者，在与中国的合作过程中进一步传播了这一扶贫理念和操作方式。

2011 年，中共中央、国务院颁布实施《中国农村扶贫开发纲要（2011—2020 年）》，第一次明确了专项扶贫、行业扶贫、社会扶贫三

[①][③]　刘敏：《贫困治理范式的转变——兼论其政策意义》，《甘肃社会科学》2009 年第 5 期。

位一体的工作格局，并指出三者互为支撑、相辅相成，构成中国国家扶贫战略的完整体系。2013 年，中共中央办公厅、国务院办公厅印发《关于创新机制扎实推进农村扶贫开发工作的意见》，将社会参与作为新时期扶贫创新的重要机制。这些既表现出政府对社会组织参与贫困治理的鼓励和支持态度，也是对其贫困治理角色和作用的认可和肯定。

第二节　社会组织参与农村贫困治理的
制度环境变迁

在国家与社会的关系视域下，社会组织的活动无疑要受到国家政治意识形态的制约和影响。即社会组织参与农村贫困治理也受制度环境的影响和约束，国家用以规范和约束社会组织从事农村扶贫开发活动的一系列正式、非正式准则就构成社会组织参与农村贫困治理的制度环境。社会组织被正式纳入国家扶贫开发的政策体系，则经历了制度化建设形成、发展和完善的不同阶段。

一、社会组织参与农村贫困治理的制度化准备阶段（1978—1988 年）

在 1978 年以前，中国社会组织多部门管理与非制度性扶贫开发并存，社会组织管理与扶贫开发尚未进入规范的制度化阶段。一方面，社会组织发展缓慢无序，扶贫参与基本是自发的、零散的，国家并未作出正式制度安排；另一方面，消除贫困也被视为政府责任，加之政治维稳的敏感性，国家对社会组织抱有普遍的不信任态度，认为扶贫不需要也不允许社会组织参与，这种非正式的制度环境也限制了社会组织参与农村贫困治理的正式制度建设。

1978 年，中国开始实行改革开放以及一系列政治经济体制改革，为社会组织发展提供了契机，社会组织的数量、类型明显增加。在管理上，国家虽于 1978 年成立了民政部，但并未设立统一的社会组织管理机关，此前社团管理的多部门格局仍未改变，合法社团与非法社团呈现多头管理、野蛮生长态势。而针对经济发展明显滞后、贫困人口较为集中的一些地区，中国开始实施一系列的扶贫政策措施，为开展大规模的扶贫开发奠定基础，也营造起全社会共同参与扶贫开发的社会环境。自 1986 年起，为解决特殊贫困区域发展问题，政府在继续对农村和贫困地区实施有利于经济、社会发展政策的同时，成立了专门机构，并确定扶贫标准，安排专项资金，开始实施有组织、有计划、大规模的扶贫开发。

这一阶段中国社会组织的管理规范尚未建立起来，扶贫开发也以区域性政策为主，处于社会组织管理及扶贫开发制度化建设的准备阶段。然而，国家虽未对社会组织参与贫困治理作出具体制度安排，但自 1979 年与联合国开发计划署签订合作协定后，中国开始接受国际多边组织的经济技术援助，一批国际社会组织正式进入中国反贫困领域。

二、社会组织参与农村贫困治理的制度化形成阶段（1989—2000 年）

伴随社会组织数量、类型及活动领域的扩大，中国政府进一步完善了社会组织的管理制度。包括颁布《社会团体登记管理条例》，清理不合法社团、针对多种类型的社会组织登记管理做出规定，并建立社会组织税收、财务、人事、党建等一系列日常管理规范。1989 年，中国成立了第一个全国性民间扶贫组织——中国贫困地区发展基金会（后改为中国扶贫基金会），开始了国内社会组织在扶贫领域的正式探索。

1994 年，中国颁布了《国家八七扶贫攻坚计划》，提出用 7 年左右时间基本解决农村贫困人口温饱问题。在计划中，中国政府首次提出"充分发挥中国扶贫基金会和其他各类民间扶贫团体的作用"，以及"积极开展同扶贫有关的国际组织、区域组织、政府和非政府组织的交流"，社会组织扶贫被正式纳入国家的扶贫开发政策体系之中。1996 年，中国在《关于尽快解决农村贫困人口温饱问题的决定》中继续提出动员社会力量参与扶贫，发展与国际组织和非政府组织在扶贫领域的交流与合作。

1989 年至 2000 年是中国社会组织管理的制度化、规范化阶段，也是社会组织参与农村贫困治理正式制度的形成阶段。党和政府颁布了一系列社会组织管理规范，并连续提出动员包括社会组织在内的社会力量参与扶贫开发，形成了正式的制度安排。但社会组织管理制度仍以规范、约束为主，带有鼓励与限制并存的特征，尚未形成与社会组织扶贫互益补充的制度安排，甚至有些管理制度限制了社会组织的扶贫实践。另外，国家也未对社会组织扶贫做出具体制度安排，仅仅提出动员和号召，社会组织参与农村贫困治理的正式和非正式制度环境仍待完善。

三、社会组织参与农村贫困治理的制度化完善阶段（2001 年至今）

2001 年以来，中国的社会组织管理制度日趋完善，国家对社会组织的态度也发生了转变，社会组织在社会转型时期的积极作用日益得到认可。特别是党的十六大以后，国家培育和扶持社会组织的力度明显加大，相继提出按照市场化原则推进行业协会商会改革，培育农村专业经济协会，扶持公益慈善类社会组织，鼓励社会力量兴办民办非企业单位，支持城乡社区社会组织发展等，逐渐放松了对社会组织的限制性管理，加强了组织过程建设和结果管理。

在 2001 年颁布的《中国农村扶贫开发纲要（2001—2011 年）》中，首次提出了"积极创造条件，引导非政府组织参与和执行政府扶贫开发项目"等重要要求；2004 年，首批 6 个非政府组织开始使用政府财政资金，参与实施江西 18 个重点贫困村的扶贫项目，这是中国政府首次向社会组织提供资金开展扶贫活动；2011 年，《中国农村扶贫开发纲要（2011—2020 年）》继续提出加强规划引导，鼓励社会组织和个人通过多种方式参与扶贫开发，开展国际交流合作。

此时，社会组织参与农村贫困治理制度环境的显著特点是，有关社会组织参与贫困治理的相应制度安排开始出现。《救灾捐赠管理办法》《关于政府向社会力量购买服务的指导意见》《关于非营利组织免税资格认定管理有关问题的通知》等一系列文件，对社会组织筹资、购买政府服务、税收优惠等方面做出了规定。同时，2008 年国家颁布了《关于社会组织专职工作人员参加养老保险有关问题的通知》《关于公布取消和停止社会团体部分收费及有关问题的通知》等，开始完善社会组织内部建设，放松政府的管理权限，鼓励社会组织发展。

与此同时，社会组织参与农村贫困治理的非正式制度环境仍突出宏观鼓励、认可与微观抑制、怀疑并存的特征。一方面，国家顶层设计对社会组织扶贫提出了肯定，要求为社会组织扶贫创造有利环境；另一方面，基层政府及相关部门对社会组织扶贫仍存在一定的怀疑，这既与缺乏具体、可操作的社会组织扶贫制度有关，也与社会组织管理过程中长期的限制态度有关，由此也影响到社会组织扶贫的效率及未来制度建设。但不可否认的是，社会组织参与农村贫困治理的制度环境建设已进入不断完善的阶段。

综上所述，中国社会组织参与农村贫困治理制度环境的演变，是以政府对社会组织的管理制度变迁为主线的，并突出由限制、约束向鼓励、规范转变，逐步将社会组织发展置于国家整体的政治、经济、社会建设及社会治理进程中。社会组织参与农村贫困治理的制度环境经历了制度化的准备、形成以至完善阶段。社会组织管理规范及其参与扶贫开发的制度安排创造了社会组织参与农村贫困治理的制度空间。

从扶贫开发的政策历程看，自 1994 年国家正式对社会组织扶贫做出制度安排开始，随后一系列扶贫政策均突出对社会组织扶贫的动员和鼓励。2001 年，中国首次提出"创造条件，引导非政府组织参与和执行政府扶贫开发项目"，但同之前的鼓励性政策一样，国家并未就社会组织扶贫做出具体规定。同时，在自上而下的传统行政管理模式下，地方政府扶贫过程中也同样沿袭了中央决策层以动员、鼓励和号召为主的政策取向，鲜有对社会组织扶贫的具体政策或规定性要求。可以说，社会组织参与农村贫困治理的制度空间在总体上仍是不确定的。同时，2001 年以前，国家对社会组织主要是以程序性的规定和约束性的管理为主，对不同类型社会组织的成立、管理都做出了严格规定。党的十六大以后，国家逐渐转变对社会组织的认识和态度。特别是 2008 年汶川地震后，社会组织及公益事业迅速发展，促使中国政府进一步出台了社会组织从事公益活动的管理规范，并从税收优惠、人员保障、政府合作、组织评估等方面做出具体规定或制度调整。但现有正式制度仍是零散、不系统的，对一些关键细节或程序并未做出明确规定，甚至与其他法律法规冲突，这种状况也加剧了制度空间的不完整性。

　　事实上，中国社会组织参与贫困治理的制度空间远远小于现实空间。大量并不具有法定地位的社会组织实际上参与了多种形式的扶贫活动，并独立于政府扶贫或游离在政府对社会组织的管理之外，这是中国社会组织参与农村贫困治理制度空间的又一特点，也反映了社会治理进程对进一步完善现有制度环境的迫切需要。

第三节　社会组织参与农村贫困治理的
角色定位

　　宏观来看，社会组织是中国现阶段农村贫困治理格局中社会扶贫的重要参与者；对政府主导的扶贫开发而言，社会组织参与农村贫困治理及其与政府扶贫的比较和差异，成为政府扶贫开发的有效参照对象；而对贫困地区及贫困人口而言，社会组织针对扶贫对象开展多种形式的贫困治理活动，为贫困对象生计发展提供外部支持和引导，对社区自生能力成长、自组织建设等提供帮助，承担了社区生计和综合发展的引导者、支持者、陪伴者等多重角色。此外，社会组织参与农村贫困治理过程中与政府、市场组织以及其他社会组织之间的合作，对于推动公益社会组织产生和发展、带动更多社会力量参与农村贫困治理、促进多元主体参与的社会治理模式转型和国家治理能力创新具有积极意义。

　　本节结合对四川仪陇县乡村发展协会、四川尚明公益发展研究中心、中国扶贫基金会等社会组织、社会团体、民办非企业单位、基金会四类十余家社会组织在中国四川、云南等农村贫困地区参与贫困治理实践的实地调查，根据社会组织在不同行动类型、动力机制及组织关系基础上产生的具体实践，阐述社会组织作为中国社会扶贫的重要参与者、政府扶贫参照对象、社区综合发展的支持者以及社会组织发展和国家治理体系现代化重要推动者所承担的多重实践角色。

一、社会扶贫参与主体

事实上，早在中国政府正式启动农村扶贫开发进程以前，大量社会组织就已经活跃在农村反贫困领域。自 1994 年开始，政府开始实行政府指导、广泛动员社会参与扶贫的政策，鼓励和动员社会组织参与农村扶贫开发，并以开放包容的态度吸收借鉴世界各国及国际慈善组织的经验，开创了政府与社会组织在扶贫领域和谐共生、合作共赢的局面。因此，社会组织是除政府、企业以外一个重要社会扶贫主体，其参与农村贫困治理不仅丰富了社会扶贫的内容，也推动了政府、市场、社会协同推进的大扶贫格局的构建。

20 世纪 80 年代中期，中国已有一些社会组织活跃在农村反贫困领域；20 世纪 90 年代，在《国家八七扶贫攻坚计划》的推动下，社会组织开展了广泛深入的扶贫活动。据统计，1993 年至 2000 年，社会组织所动员的资源约合 500 亿元，占社会扶贫资金投入总量的 28%。各类社会组织通过直接的资源投放、经验分享、政策倡导等方式，[①] 积极推动中国农村贫困治理的发展，并在知识、技术投入等方面发挥独特作用。

结合四川省接受境外社会组织对农村扶贫开发的投入情况看，截至 2012 年，包括德国米索尔基金会、日本大使基金、德国技术合作公司等多个国际组织对四川省扶贫开发提供了近 8000 万元，用于支持四川省贫困地区减贫项目、发展研究以及汶川地震灾区贫困村的灾后重

---

① 吕方：《发展的想象力：迈向连片特困地区贫困治理的理论创新》，《中共四川省委省级机关党校学报》2012 年第 5 期。

建工作。2008年至2013年，四川省外资中心与多家境外社会组织开展了灾后重建以及灾后后续发展支持的扶贫项目合作，并与国际美慈组织等成为长期的合作伙伴，共同推进四川灾区及贫困地区发展。利用外资进行扶贫开发，不仅有效弥补了四川省内扶贫资金的不足，推动全省"八七"扶贫攻坚和21世纪10年扶贫规划的顺利完成，也通过外资扶贫项目的实施，引进了国外先进的项目管理经验和理念，促进了四川省扶贫工作的开拓创新。

云南省是海内外民间自组织开展扶贫实践最为广泛的地区。根据云南省民政部门境外社会组织备案统计情况，现阶段在云南省进行组织备案的境外社会组织总数达37家，项目备案250多家，涉及10个国家和地区。各类社会组织每年支出项目资金1亿元左右，在教育、农村生计、医疗卫生、社区发展、救灾、扶贫、环保等领域开展了多种类型的贫困治理活动，项目范围基本覆盖了云南省16个州市地区，社会组织参与的农村贫困治理基本上构成了地区社会扶贫的主要部分。

除境外社会组织投入大量扶贫资源参与社会扶贫以外，一些中国本土社会组织也投入了大量扶贫资源。成立于1989年的中国扶贫基金会，是国家层面最早成立的、以扶贫济困为宗旨的公益机构。中国扶贫基金会成立30多年来，坚持扶贫公益理念，贯彻对捐赠人和受援人高度负责的原则，奉行公开透明方针，提倡艰苦奋斗的志愿精神，以严密的内部管理和优异业绩，不仅获得党和国家领导人以及社会各界的高度评价，[1] 也成为中国扶贫公益领域最大的公益组织。中国扶贫基金会在发展过程中不断探索扶贫活动形式和品牌项目建设，现有项目

---

[1]　中国扶贫基金会网站：基本信息，http://www.cfpa.org.cn/。

涵盖公益倡导、扶贫援助以及 NGO 发展等多个领域，教育援助、卫生健康、救灾重建、国际援助、基础设施、社区发展等是其扶贫援助项目的主要方面，形成了"爱心包裹"、"母婴平安 120 行动"、小额信贷等品牌项目，在农村贫困治理方面取得显著成效。截至 2015 年底，中国扶贫基金会累计筹措扶贫资金和物资 177.46 亿元，受益贫困人口和灾区民众 2479.32 万人次。[①]

此外，社会组织尤其是境外社会组织参与的农村贫困治理以其较高的扶贫效率，丰富和创新了中国社会扶贫的形式。社会组织在瞄准贫困对象之后，通常采用自下而上的扶贫方式，并创造了形式多样的扶贫机制，如多方联动的筹资机制、参与式的决策和使用机制、关注主体的能力提升机制、面向个体的分类服务机制等，[②] 不仅提高了扶贫资源的使用效率，也在一定程度上规避了政府主导扶贫的"政府失灵"或"一刀切"的弊端。

国家与社会关系的分析框架揭示了社会组织参与公共服务供给及社会公共领域建设的理论预设，也为社会组织参与农村贫困治理的可能性、必要性及可行性提供了理论依据。即作为社会公共领域主体代表的社会组织，可以作为农村贫困治理的重要参与主体。事实上，社会组织一直是中国农村贫困治理的重要力量。一方面，大量社会组织不仅投入了多种形式的扶贫资源，也作为国际社会、企业、社会公众以及其他社会组织参与扶贫活动的重要平台，吸引了更多扶贫资源，弥补了政府扶贫财力的局限，并在提高扶贫效率、创新扶贫形式，以

---

① 根据中国扶贫基金会网站资料整理，http://www.cfpa.org.cn/pageDetail.cn?pageId=b745feb9a7074a12a56f9bc73ff4c0d9&p=cdf1ffca2d4549598a438e36bf5007e8。

② 张高陵：《社会组织在社会扶贫中的作用》，《社团管理研究》2011 年第 1 期。

及惠及政府难以顾及的领域等方面对政府扶贫产生拾遗补阙的作用，成为社会扶贫的重要参与主体。另一方面，中国社会组织本身定位不清的问题也影响了其作为社会扶贫力量的发挥。中国社会组织产生发展有其特殊的时代背景及发生机制，如由汶川地震等特殊事件推动，倒逼政府逐渐建立起有利于社会组织发展的制度环境。因此，社会组织尤其是本土建立的草根社会组织，其生存发展面临一定的合法性问题，未能获得自身角色定位选择的独立性和自主性。许多非扶贫领域的社会组织可能基于组织的生存目标而参与农村贫困治理，而非基于组织宗旨和专业优势所在，这不仅不利于社会组织自身的发展，也降低了其参与农村贫困治理的专业性和扶贫效率。

二、政府扶贫参照对象

社会组织参与农村贫困治理不仅作为中国社会扶贫的重要形式，有效补充了政府主导的农村扶贫开发，社会组织也以自身的扶贫实践为政府扶贫带来新的扶贫理念和扶贫模式，并在合作扶贫过程中从另一层面形成评估政府扶贫的参照系，对政府扶贫形成有效监督，督促政府扶贫效率的提高。[①]

社会组织作为政府扶贫参照对象的角色，首先体现在社会组织扶贫理念、扶贫机制和模式对政府扶贫的影响层面。由于公益价值导向是大多数社会组织建立的基础和宗旨，不同于政府扶贫的工作导向或任务导向，社会组织能够在具体扶贫行动中坚持平等、利他、奉献的扶贫理念，倡导对弱势群体负责，深入偏远和自然条件恶劣的贫困地

[①]　郑功成：《中国的贫困问题与 NGO 扶贫的发展》，《中国软科学》2002 年第 7 期。

区，并在贫困治理过程中充分尊重和实现贫困人口的发展愿望。同时，一些社会组织在贫困治理过程中秉持的生态环保意识、可持续发展观念等，也促使政府将农村贫困治理置于全球化以及国家经济社会发展的宏观视野，重视贫困治理的综合性特征。此外，社会组织参与贫困治理倡导的参与式理念、社区综合发展理念等都对当前政府主导的扶贫开发产生了积极影响。

其次，基于共同的农村反贫困目标，社会组织参与扶贫的工作机制、模式已成为中国政府扶贫开发学习借鉴的对象，社会组织在扶贫机制、模式上继续发挥对政府主导扶贫的参照系作用。例如，社会组织参与农村贫困治理过程中应用或创新的参与性乡村评估、小额信贷服务、志愿者制度、项目管理模式等，不仅培养了一批扶贫专业机构和人才，也改变了政府扶贫工作中传统而又不合时宜的扶贫机制和模式。

最后，社会组织作为政府扶贫参照系的角色还体现在与政府合作扶贫中的监督和评估作用。政府与社会组织在合作开展农村贫困治理过程中，政府不仅受到社会组织扶贫理念和机制模式的影响，也会受到社会组织作为合作方或参与主体的监督和评估。一方面，社会组织以其自身的扶贫成效，促使社会公众及政府扶贫部门产生对比意识，激励政府部门改进工作方式、提高扶贫效率；另一方面，在合作过程中，也进一步影响到政府部门的扶贫行动，从而提高政府扶贫效率，形成政府、社会组织相互合作、相互学习的良性局面。

然而，社会组织扶贫作为政府扶贫参照对象的角色，并不意味着对政府扶贫形式的否定或质疑，也不意味着政府可以完全复制社会组织扶贫的理念或模式。由于从事扶贫的社会组织一般具有规模小、创新性强、专注贫困农户、扶贫项目针对性强等特点，因此可以有选择地专门针对贫困人口组织小规模的扶贫活动，并考虑政府达不到或顾及不了的偏远山区，瞄准到最穷的贫困人口，从而充分利用有限的扶贫资源，达到较高的扶贫效率。[①] 因此，社会组织参与农村贫困治理形成的扶贫理念、机制及模式是由其特定的组织性质和运作模式决定的。政府应注重甄别扶贫机制和模式的适用性问题，学习社会组织以贫困人口需求为基本导向、尊重贫困对象的发展意愿、注重发挥贫困人口的创造性和能动性，将提升贫困人口能力作为开展有效扶贫的基础，并注重减轻贫困人口对外来援助的依赖性，保证扶贫项目的可持续性，提高政府扶贫的针对性、精准性和可持续性。

此外，就社会组织而言，由于一些社会组织独立性不足或缺失，使其在与政府合作扶贫过程中成为政府的职能延伸，职能模糊甚至丧失了社会组织参与农村贫困治理的特殊优势。而当社会组织与政府关系存在竞争或对立的一面时，又会造成社会组织参与农村贫困治理时介入、资源获取、评估等方面的诸多困难或重复投入的资源浪费等问题，影响社会组织参与农村贫困治理的效率及组织本身的独立发展。总之，与政府合作关系中的定位不清，常常会影响其参与农村贫困治理过程中的角色定位。

三、农村社区综合发展支持者

改善贫困人口生存现状，提高其生计发展水平以及促进贫困地区经济社会发展，是政府扶贫以及社会组织参与贫困治理的共同目标。与政府主导的扶贫开发相比，社会组织由于自身规模较小，以及更专

---

① 郑光梁、纪占武：《论中国非政府组织的扶贫机制建设》，《辽宁工程技术大学学报（社会科学版）》2007 年第 1 期。

注于满足特定的贫困人口或特定的发展需求，因而往往以贫困人口和贫困社区作为其开展贫困治理的基本单位。同时，社会组织在针对农村社区和贫困人口开展的贫困治理过程中，更加注重满足贫困人口对于人力资本建设、社区自治能力、社区可持续发展等综合性目标，这也与当前阶段政府主导的农村扶贫开发由强调物质资本投资、改善贫困者经济贫困，到强调人力资本投资、克服贫困者能力贫困，进而强调社会资本投资、缓解贫困者的社会排斥[①]的理念转变相一致。可以说，社会组织在农村贫困治理进程中，不仅是社区扶贫资源和公共服务的供给者和承接者，更是成为农村生计发展、能力建设、社区文明等社区综合发展的外部支持者和引导者，以及社区自治能力、自组织建设的陪伴者，社会组织尤其是本土性社会组织成为现阶段农村社区综合发展的重要外部推动力量。

与政府相比，除投入相应的物质资源以外，社会组织在整合和投入知识、技术等非物质资源方面也更具独特性和优越性。尤其是伴随中国社会组织专业化、专一化发展趋势加快，一些专业性社会团体在参与农村贫困治理过程中展现出专业服务优势。2007年，四川省南江县在县养羊协会基础上注册成立了秦巴山新农村建设发展协会，这是一个由地区原畜牧部门工作人员成立的专业技术协会，凭借其专业性技术优势，逐渐发展成为南江地区致力于"三农"发展、社区发展，推进农村产业发展和新农村建设的草根社会组织。协会凭借内部畜牧专业技术人才的优势，2006年，曾协助政府实施中国光彩促进会黄羊发展项目，并建设光彩互助合作社20个。随后，在实施消除贫困联盟以及四川秦巴地区互助互动项目、四

---

① 范永忠、范龙昌：《中国农村贫困与反贫困制度研究》，《改革与战略》2011年第10期。

川省团委卓卓网防灾减灾项目、南都基金会"5·12"农村社区灾后重建项目、李连杰壹基金"潜力典范"项目以及友成基金会救灾项目过程中，致力于寻找协会优势与贫困社区产业发展的结合点，以畜牧产业促进社区生计建设和产业发展，注重培养农村专业合作社等农民自组织建设，以提高贫困人口的自生发展能力。

现阶段，培养农村生产合作组织以及社区自组织被认为是提高农民组织化水平和自生发展能力的关键，而社会组织尤其是贫困地区一些本土草根组织在这一过程中扮演了积极的社区建设引导者和陪伴者角色。一方面，由于社会组织具有易于接近贫困对象的优势和特点，在贫困治理过程中更加注重社区的异质性特点及贫困对象的特殊需求，更易于与贫困对象建立紧密的联系，更易于在农村社区自组织建设过程中扮演引导者角色。另一方面，建立社区村民的自组织也是社会组织参与农村贫困治理进程的主要方式，即建立社会组织与村民之间沟通交流的平台，以及维系社会组织及扶贫项目退出后贫困社区的可持续发展。因此，社会组织在社区综合发展过程中突出了对农民自组织建设和公民意识的引导、支持和陪伴作用。

但同时，社会组织在参与农村贫困治理过程中也面临一系列的困难或挑战。包括扶贫资源不足、信息不对称、制度环境障碍、社会认可度低、社会支持匮乏等外部挑战以及组织本身发展问题、专业优势不足等内部问题，这些困难或挑战也进一步影响到社会组织参与农村贫困治理的角色定位。特别是一些致力于农村扶贫的专业性、草根类社会组织，当生存发展面临困难或参与农村贫困治理过程中遭遇外部挑战时，往往难以实现组织本身的扶贫公益目标，进而产生目标转换或偏离的风险。

四、公益社会组织发展及社会治理推动者

基于中国社会组织参与农村贫困治理的基本类型及其与政府、企业和其他社会组织的互动关系，社会组织参与农村贫困治理亦促进了国内各类公益社会组织的发展以及社会治理结构和治理能力的建设。海内外社会组织在参与中国农村贫困治理的过程中，不仅提高了组织本身的素质和能力，推动了专业性、本土性以及中介性等多种类型公益社会组织的产生和发展，也以其公益价值取向和社会动员能力带动了更多社会组织、企业及社会公众参与农村贫困治理进程，促进了社会治理多主体参与格局的形成。

四川省成都市尚明公益研究中心，发轫于"5·12"汶川大地震期间，最初被命名为"四川512民间救助服务中心"，是一个来自全国各地公益组织参与汶川地震的联合平台。2012年3月，尚明公益研究中心注册成为民办非企业单位的社科研究机构。机构虽然并未直接参与农村社区治理的具体方面，但通过能力建设、提供专家咨询服务以及公益研究活动，搭建起社会组织学习交流的平台，通过举办培训活动和交流活动，为合作的公益社会组织伙伴提供公益理论支持和公益活动的实操经验分享，并传授参与式工具和方法，帮助公益组织拓展视野、开阔思路，促进社会组织专业化和职业化发展，并协同四川省社科院社会学专业师生以及省内社科领域专家进行公益问题研究，为政府部门提供决策建议。2014年，尚明公益研究中心同16家社会组织一起承接了中国扶贫基金会在四川雅安地区开展的"美丽乡村·公益同行——NGO合作社区发展计划"项目，为包括从事农村社区生计发展、社区服务以及能力建设的10多家社会组织提供以"助力工坊"为

主题的陪伴和支持活动。

可以说，社会组织参与农村贫困治理过程中同样需要社会组织之间在资源、信息等方面的整合、交流、分享与合作，以实现扶贫资源的最大化利用，减少资源浪费及重复投入。而在此过程中，无疑将推动尚明公益研究中心这类平台类、能力建设类专业型社会组织的产生和发展。

同时，基于社会组织类型的差异尤其是官办、草根社会组织的性质差异，一些社会组织参与的农村贫困治理往往独立进行、各自为政，除对境外社会组织存在扶贫资源和项目资源的依赖以外，这种独立性、分散性特征在本土或草根社会组织中间尤为显著。然而，伴随农村贫困现状发生变化以及社会组织专业性凸显，这种各自为政、分散扶贫的弊端愈加明显，社会组织之间亦呼唤更多的交流分享和支持合作。

2013 年，为提高公益社会组织自身管理水平、专业社会服务能力以及社会公信力，增进社会组织间互相学习、了解和信任的水平，仪陇县乡村发展协会、秦巴乡村发展研究中心、南部县乡村发展协会、大巴山生态与贫困问题研究会、宣汉县海福新农村综合发展协会、南江县贫困学生帮扶协会、西乡县妇女发展协会、南江县秦巴山新农村建设发展联合会等秦巴山区的 8 家草根民间机构在自愿基础上组建起"秦巴山区农村发展公益组织学习平台"。[①] 学习平台成立之初就受到南都公益基金会和北京永青农村发展基金会的资助和支持。由于学习平

---

① 2015 年，学习平台的机构成员有所变化。目前 8 家机构分别是仪陇县乡村发展协会、秦巴乡村发展研究中心、大巴山生态与贫困问题研究会、南江县贫困学生帮扶协会、南江县秦巴山新农村建设发展联合会、西乡县妇女发展协会、宁强县妇女儿童发展中心以及南江县双丝带健康教育促进会。

台成员机构都身处秦巴山区，经济欠发达、交通不便、信息闭塞，贫瘠的自然和社会条件也给农村公益组织的发展提供了无限可能。学习平台建立以后，社会组织之间通过抱团取暖、相互鼓励，更加坚定了从事公益事业的信念和长期服务贫困乡村的决心。同时，通过一系列的交流分享活动，也提升了社会组织专业能力的以及这类草根组织在农村贫困治理领域的知名度和社会影响力。

除此以外，社会组织在参与农村贫困治理过程中也以其机构特点，进一步动员和整合了企业、个人等多元主体对社会扶贫事业的关注和参与，这对形成政府、市场和社会共同参与的大扶贫格局以及国家治理体系的现代化营造了良好的氛围。作为中国扶贫公益领域最大的社会组织，中国扶贫基金会积极发挥其公益动员能力的作用，并不断促进组织向筹资型和资助型社会组织的转变。2013 年，中国扶贫基金会联合英特尔发起"公益同行·社区发展计划"，并启动"i 世界·社区发展创新基金"，旨在从社区人才培养、社区发展支持、社区能力陪伴三个层面，系统性推动社区发展和社区建设。这些彰显了社会组织与政府、企业、公益组织、研究机构等组织合作，整合社会多元主体力量，以公益创新推动中国贫困社区建设和综合发展，从而推动社会和谐发展与文明进步。

总之，社会组织在参与农村贫困治理的过程中，不仅推动了社会组织自身能力和社会认可度的提高，也推动了扶贫、枢纽型等专业社会组织的发展，并以公益精神集聚更多企业、个人等参与中国农村的贫困治理进程，也为国家治理体系和治理能力现代化奠定了基础，社会组织扮演了公益社会发展以及社会治理建设推动者的角色。

综上所述，本节基于对 14 家社会组织扶贫实践的实证研究，从具体的横向层面阐述了社会组织参与中国农村贫困治理过程中的实践角色。包括社会扶贫的重要参与主体、政府扶贫的评估参照对象、农村社区综合发展的支持者以及公益社会组织发展及社会治理的积极推动者等。同时，社会组织参与农村贫困治理的角色定位也是复杂多样、动态发展的。这种动态性和复杂性不仅表现在社会组织伴随中国经济社会发展而产生的调整变化，以及社会组织参与农村贫困治理制度环境的变迁发展，也表现在不同类型社会组织基于不同的组织性质、贫困社区发展特征、政府互动关系、扶贫动力机制等因素而产生的复杂角色特征，即社会组织参与农村贫困治理的角色是伴随组织发展以及农村贫困现状而发展变化的，可能同时具有多重功能而兼有多重角色，也可能专注于某一种角色定位而趋向专业化发展。概言之，社会组织参与农村贫困治理的角色定位问题，与社会组织本身的性质特征，与政府、贫困对象及其他社会组织的关系类型以及参与农村贫困治理的动力机制、行动类型等因素相互影响、相互制约，并进一步影响其参与农村贫困治理的具体路径和模式选择，这些将在下文中予以详细阐述。

第七章

社会组织参与农村贫困
治理的路径选择

新的扶贫阶段，扶贫格局的变化为社会组织参与贫困治理提供了机遇和挑战。社会组织作为"政府、市场、社会"新三位一体扶贫开发格局的重要部分，在贫困治理中发挥着重要的作用。国务院办公厅《关于进一步动员社会各方面力量参与扶贫开发的意见》指出，要培育多元社会扶贫主体，大力倡导民营企业扶贫，积极引导社会组织扶贫，广泛动员个人扶贫。扶贫开发中资源投入模式的转变，号召全社会的力量参与扶贫开发为社会组织参与贫困治理提供了重要的政策依据；同时，随着公民社会理念传播和政府对社会组织的支持扶植，社会组织自身在数量和能力方面也不断壮大和发展，这些为其参与贫困治理提供了重要的组织基础；而新阶段扶贫开发的形势依然严峻，贫困地区和贫困人口是否能脱贫致富是衡量是否全面建成小康社会目标的重要依据，政府主导的大规模扶贫开发由"大水漫灌"转变为"滴灌"的精准化扶贫。社会组织自身的灵活性、公共性、自愿性和专业性成为参与贫困治理的优势所在，这为社会组织参与贫困治理提供了现实基础。社会组织在农村贫困地区与农民和政府的互动过程中起到了很好的连接作用，得到农户的认可和信赖，使得其在贫困治理领域发挥着越来越重要的作用，获得了良好的群众基础。总体来讲，社会组织自身的发展、功能定位和当前贫困治理的需求相契合，这使得社会组织参与贫困治理成为可能，参与贫困治理的路径分析变得更具有理论和现实意义。

在对社会组织参与贫困治理的路径进行分析之前，有必要对研究对象即参与贫困治理的社会组织的范围进行界定。在本书中，社会组织主要包含参与贫困治理的各类社会组织，如农村社区草根社会组织、境外社会组织、社会团体、民办非企业单位和基金会等，包含本土社会组织和非本土社会组织，既有草根自发生成的，又有政府培育生成或官办身份转换而成的。[①] 这些社会组织虽然自身类型和实践参与路径模式各异，但均具备社会组织的基本特征，如非营利性、自治性、非政府性、志愿性等。[②]

本章旨在通过对不同理论视角下的相关实践路径的梳理和整合，综合起来进行分析，并提出路径优化的方案和建议，将理论与实践相结合，提出社会组织参与贫困治理的崭新启示和思路。

---

① ［英］安东尼·吉登斯：《社会理论与现代社会学》，文军、赵勇译，社会科学文献出版社 2003 年版。

② 高猛、赵平安：《政府与 NGO 合作关系的逻辑与生成——建构主义的视角》，《学术探索》2009 年第 2 期。

第一节 社会组织参与贫困治理
路径研究的理论基础

社会组织在贫困治理中既是参与治理的主体，又是治理的相关客体。在作为主体时，社会组织是与政府有着资源依赖关系的独立组织、贫困治理中的多方参与的重要主体和公共产品的供给主体之一。作为客体，社会组织是政府职能转移的承接者，也是社会治理的客体。因此，社会组织参与贫困治理的路径选择，与其自身的主体和客体的身份息息相关。

一、基于"资源依赖理论"的参与路径

资源依赖理论是基于组织无法生产自身所需要的所有资源[①]的基本假设而提出的，着重用来分析组织与组织之间的关系。资源是外在于组织的存在，对于组织的发展是稀缺的，需要从外部获取，组织自身无法自给自足，也不肯完全控制资源的供给。任何一个组织想要获得生存和长足发展，都必须与外部环境进行互动，从环境中汲取资源，这种与外部环境的交换过程必然会产生组织间的相互依赖关系。虞维华指出组织之间的资源连接是重要的连接形式，三种因素决定资源互

[①] Pfeffer, J. & Salancik, G.R. *The External Control of Organizations: A Resource Dependence Perspective*, Stanford, CA: Stanford University Press.

相依赖的程度，一是资源的重要性，即资源对于组织生存和运营的重要程度；二是资源的分配形式和利用程度，即资源的分配结构和使用效率问题；三是资源的可替代性，即是否存在可替代该资源的其他资源形式。[1] 以资金为关键性资源分析政府与社会组织之间的相互依赖关系，并指出不同的社会组织之间差异很大，因此不能将社会组织作为一个同质性的分析对象整体对待。[2]

组织间存在依赖关系是资源依赖理论的核心要义，资源依赖理论用于贫困治理领域可以用来解释政府与社会组织之间的互动关系。资源依赖导致竞争或合作的后果。在贫困治理中，政府、市场、社会之间的互动主要是通过政府部门、市场主体和社会组织三种实体组织形式实现互动的具象化，资源的交换和互动形成不同的互动模式，包括竞争与合作、资源和符号的交易关系等。当存在同类公共服务供给主体时，社会组织间的产品具有同质性，此时容易形成竞争关系；而当组织间提供的产品是互补并且可以用来共同解决社区中的问题时，组织间便形成合作关系。组织领导者通过权力模式的运作来控制组织的定位和发展方向，赋予组织在竞争外部资源时有效的组织结构和价值理念，使其具有竞争力以便影响和控制外部资源，最终保证组织的策略性生存。资源依赖理论认为：（1）组织的成功取决于在市场上获得更多的网络和更大权力的结果；（2）组织越减少对外部资源的依赖情境，其受到市场干扰和限制就越小；（3）组织权力的来源基于资源的取得情形，因此组织必须和外部环境互动、交换或获取资源，以扩增组织的权力。

社会组织与政府主体之间的依赖关系表现出多种特征：一是双向

---

①②　虞维华：《非政府组织与政府的关系——资源相互依赖理论的视角》，《公共管理学报》2005年第2期。

依赖关系，即社会组织与政府主体之间各自对对方所提供的资源产生兴趣，并且能够各取所需；二是非对称的依赖关系，显然，社会组织与政府在当前的话语体系下，地位的不对等和强弱关系造成了二者对另外一方提供的产品需求程度是不同的，社会组织相对更加依赖政府主体；三是不同的依赖程度对社会组织参与路径产生影响；四是社会组织取得的"合法性"程度影响着参与路径和行动。从资源的角度去解释社会组织的参与行为实际上是一种动态的过程，在这个过程中，社会组织不断调适自身的角色并且设法降低对外部资源的依赖，从参与的路径模式上也可以充分反映出来。本章将从理论视角对其进行梳理，以便提出新的解释框架。

（一）社会组织与政府之间的双向依赖

政府与社会组织在公共产品的供给结构和需求结构方面存在着差异，这种差异是由组织自身拥有的资源和必需的资源所决定的。萨德尔的观点认为，政府与非政府组织之间的关系并不完全是单向线性关系，不能简单理解为单方面的顺从与服从的关系，而是彼此相互依赖的关系，这是因为它们都掌握着某些对方生存发展必需的资源，从而为相互依赖的合作关系建立提供了基础。[1] 一方面，政府对社会组织存在资源依赖，主要是体现在公共服务方面。这种依赖关系取决于政府和社会组织在贫困治理领域的供给偏好结构和需求偏好结构。社会组织自身在提升公共产品和公共服务方面有相对于政府供给的优势，主要表现为政府在供给中主要以公平为主，而社会组织则注重效率提升、数量增加、质

---

[1] Saidel.J."Resource Interdependence: the Relationship between State Agencies and Nonprofit Organizations." *Public Administration Review*, 1991, 51（6）: 543-553.

量改进以及降低成本等方面。① 另一方面，社会组织对政府也存在着资源依赖，这种依赖关系主要表现在二者掌握的资源不同，政府掌握财力资源（对社会组织的经费投入、办公设施等硬件方面）、制度资源（减免税政策等制度资源）、行政资源（批准、设立等许可权、审批权和监管权）等，而社会组织主要是在志愿服务、公信力、亲和力、获取资源的能力和专业化服务等方面掌握一些资源。一些学者提出，社会组织在资源配置方面发挥着参与公共物品供给并具备一定的政府替代功能；并且能够通过与政府差异化供给的方式，运用社会资本来提高和弥补政策绩效；与此同时，社会组织的志愿特征能够为其汇聚人力资本，形成一定的自主治理体系，节省政府的行政成本。

（二）社会组织与政府之间的非对称性依赖／合作

由于组织外部的限制和依赖状况不同，双方都会尽力在合作过程中保持自身的自由度和相对的自主性，在实践过程中，政府与社会组织的互动却不是对等的，二者呈现出非对称性依赖／合作。这种非对称性合作的形成主要受两方面因素影响，一是双方在资源占有上的稀缺性。制度资源掌控在政府手中，其供给状况呈现出两面性，既希望社会组织在政府鞭长莫及的领域提供公共服务，又不希望它们威胁社会稳定和政府权威。康晓光、韩恒在 2005 年提出，中国转型时期以来逐渐形成了独特的"行政吸纳社会"模式，即政府在理性选择与社会组织合作时采取"为我所用"策略，在行政过程中吸纳"公民社会"等自治力量，政府最终处于支配地位而社会处于从属地位，其运用的

---

① 迟福林：《起点——中国改革步入 30 年》，中国经济出版社 2008 年版。

主要方式是"控制"和"功能替代"。①政府在权力关系上的支配性地位决定了其对资源的强力管控和支配能力，社会组织是志愿性、非政府性和非营利性的，这种组织性质决定了其自身无法形成强自主性和独立性，职能通过委托—代理关系来实现资源的承接，并且以项目的形式实现财富的重新分配和转移，成为政府宏观分配和市场机制分配之外的第三种分配方式，而这种资源分配关系是被动的，并不能让社会组织成为与其他主体博弈的主体。②二是资源流动上的不对称和不平等，社会组织的非政府性和组织发展的不完备造成社会组织并不能完全遵循组织设计的目标来开展项目活动，对政府存在较多的依赖，康晓光建构了社会组织对政府在资金、组织体系、官方媒体资源、登记注册限定、活动范围许可、政府领导人行政资源、组织参与决策的机会和权利等七个主要方面的依赖关系。③而承接政府委托项目，接受项目拨款，或者基金会项目拨付是政府对社会组织支持的主要渠道，此外，还有政府政策性拨款和相关奖励措施等。④政府较少依赖社会组织来实现普惠性公共服务的目标，而是运用自身的事业单位和行政资源来达成这些目标。⑤换句话说，社会组织所提供的公共服务是可替代的，政府寻求合作伙伴时，事业单位和自身政府内部部门也可以提供各种类别的公共服务。尽管社会组织是承接扶贫资源开展公共服务的重要

---

① 康晓光、韩恒：《分类控制：当前中国大陆国家与社会关系研究》，《社会学研究》2005 年第 6 期。

② 谢志平：《关系、限度、制度——转型中国的政府与慈善》，复旦大学 2007 年博士学位论文。

③ 康晓光、郑宽等：《NGO 与政府合作策略》，社会科学文献出版社 2010 年版。

④ 康晓光、郑宽等：《NGO 与政府合作策略》，社会科学文献出版社 2010 年版。

② 李凤琴：《"资源依赖"视角下政府与 NGO 的合作——以南京市鼓楼区为例》，《理论探索》2011 年第 2 期。

载体，但政府在资源结构中仍然处于强势地位，社会组织为了争取自身的生存发展空间，必须从政府那里索求特定资源才能生存；随着对公共利益的选择导向，公众对于公共服务的需求不断细化和深入，普惠性的服务供给逐渐不能满足需求，政府不能脱离社会组织的积极参与，而社会组织自身的资质以及服务供给能力成为政府选择合作伙伴的重要考评标准，因此政府对社会组织进行有选择的依赖，二者形成一种非对称的共生关系。①

　　尽管社会组织对政府的资金依赖有上述种种渠道，实际上社会组织获得政府的资金支持的依然很少，并没有完全形成"资金—服务"交换的机制，而是政府对社会组织的资源支持带有随机性和偶然性。决定社会组织能否获取政府的资金的因素众多，而在现实层面上，社会组织更多依赖于社会组织的运作能力（包括人事资源关系）以及非正式网络的领导行政关系，而并非以提供公共服务的能力为参考标准。高猛、赵平安提出，这种非对称性依赖／合作主要表现在社会组织与政府的关系"顺化／同化"的程度，分为"高度顺化—高度同化"同质性特征和"高度顺化—低度同化"异质性特征，前者主要从一些从体制内衍化转型出来的社会组织身上表现出来，在组织的行政性质、财政资金管理和运作模式上具有明显的"顺化"特征，这些组织同时拥有可观的建构资本，高度同化带来组织自身具有较强的组织协调能力、资源动员能力、目标调整能力以及应对外部环境刺激的适应能

---

③　虞维华:《非政府组织与政府的关系——资源相互依赖理论的视角》,《公共管理学报》2005 年第 2 期。

力。[①]后者则是处于经费、人才、身份、管制等各方面强烈外部依赖的
状态。从资源的角度出发，政府与社会组织的关系不应是对手关系而
应是伙伴合作关系。但是，合作关系并不是天然存在，而是通过后天
现实基础上建构产生的。在实践过程中，政府与社会组织之间的关系
存在多种可能性，主要表现为竞争和冲突关系、相互独立关系、依赖
关系、合作伙伴关系，这些关系的划分以及特征都是极其复杂的。[②]

（三）资源依赖程度影响着社会组织参与贫困治理的路径

依据资源依赖程度和组织独立自主的情况，社会组织参与贫困治
理的路径又有差别，资源依赖性由弱到强的参与路径分别是自治式参
与、合作式参与、依附式参与、出场式参与。从组织的基本形式来看，
其中自治式参与的组织化程度较低，自主性和灵活性较高，几乎完全
依赖于社会资源；合作式参与相对而言自主性较高，但仍然部分受制
于政府资源限制，仍然有部分社会资源来源；依附式参与和出场式参
与总体上仍然对政府资源依赖程度较高，而且这种依附式参与的资源
大多来源于单位内部，将部门利益和社会利益结合起来；而出场式参
与则是社会组织担任政府形象和政策宣传的代言人，资源仍然由政府
直接提供。贫困治理领域的出场式参与的社会组织主要是隶属政府的
群团组织，他们在贫困治理中的参与大多是属于一种行政强制，从社
会组织的发展演变来看，社会组织对于政府的资源依赖性将逐步减弱；
依附式参与主要是挂靠和归口在政府部门的"官办社会组织"或"半
官办社会组织"，这种参与主要是源于"委托—代理"关系；而合作式

---

① 高猛、赵平安：《政府与 NGO 合作关系的逻辑与生成——建构主义的视角》，《学术探
索》2009 年第 4 期。

② 赵黎青：《非政府组织与可持续发展》，经济科学出版社 1998 年版。

参与则是社会组织自身寻找生存空间的重要方式，社会组织为了逐步减弱外部资源依赖而达成的契约合作或者信任合作；自治式参与是社会组织参与贫困治理的高级阶段，逐步摆脱了外部资源依赖，形成自治的空间和能力。

（四）取得"合法性"认同程度影响着社会组织参与贫困治理的路径

社会组织的数量一般通过登记和备案的方式进行统计，但实际上社会组织的现实生存空间远远大于制度赋予的生存空间，现实生活中大量的草根组织和非正式团体在社区中开展活动，但因为性质不明以及主管机关挂靠难等问题，无法突破登记机关和主管业务部门的双重管理机制，并没有取得相应的合法身份。[①] 这种合法性身份也是社会组织所必需的符号资源。从法律角度，社会组织的发展受到法律的限制，其身份地位处于模糊状态，限制了社会组织自主发育，《慈善法》的出台为社会组织的发展提供了法律支撑，但《境外非政府组织管理条例》等专项的法规条例则从另一些层面收紧对社会组织的管理，宏观上政策的鼓励与微观上的约束并存，导致社会组织在法律身份上存在一定的约束。从行政角度看，政府在资金的筹集和分配方面具有管制和监督作用，对社会组织的自身独立筹款等具有严格的限制，对其开展工作内容和领域范围都有着严格的限定，因此其行政上的合法性也得不到认同。社会组织通过开展社会服务，让基层的贫困人口对其项目认同和肯定，使其获得社会合法性。因此，通过动员社会力量承接政府让渡出来的部分公共服务职能，促进政府的民主决策的氛围，社会组

---

① 彭善民：《枢纽型社会组织建设与社会自主管理创新》，《江苏行政学院学报》2012年第1期。

织对政治决策有一定的积极影响。[1]

二、基于"政府职能转移"的贫困治理的路径研究

福利多元主义是西方社会福利制度者提出的由政府公共部门、市场营利组织、社会非营利组织、家庭单元、社区共同承担与福利密切相关的公共服务的责任，倡导政府要改变固有的角色，从原有的公共服务主导者逐步转变为公共服务的规范者、购买者以及促使其他主体形成公共服务供给体系；社会组织应当填补政府在福利领域公共产品供给中的真空，防止市场的过度膨胀，满足社会公共服务的多样化需求。其中，最重要的两个理念是分权和参与，一方面提出政府要将公共服务的行政权（包括审批和监管等）转移到地方政府，同时也需要一级一级地由地方政府转移到社区，由政府公共部门转移给社会组织；另一方面强调社会组织的参与，这种参与主要表现在参与到公共服务规划制定流程，作为服务对象和供给主体的不同身份提供决策建议。福利多元主义为社会组织参与贫困地区的公共服务提供了重要的理论基础。随着政府体系的庞大和税收政策的变化，政府在社会公共财政方面的投入力量有限和国企单位福利制度的逐渐淡出，社会力量自然在社会转型时期有着更大的发挥空间，政府职能社会化是在市场化浪潮下面对政府机构职能变化和社会福利制度改革的一种优良应对策略。[2]李景鹏指出，当前由于经济体制转变带来的社会转型促进了利

---

① 徐顽强：《资源依赖视域下政府与慈善组织关系研究》，《华中师范大学学报（人文社会科学版）》2012年第5期。

② 李扬：《福利多元主义视界：中国非营利组织发展的路径选择》，《长春理工大学学报（高教版）》2009年第7期。

益多元化格局的形成，并且促进了社会自主能力的提升，社会自主力量发展的条件更加成熟，需要在发展社会的同时注重平衡政府与社会力量，促进社会自主和监督政府的格局演进。①

　　社会组织在农村贫困治理中发挥着重要的作用，尤其是在公共事务领域。政府主要依靠财政收入以及税收收入维系正常运转，当前在城市化和城镇化浪潮下，基础设施建设需求和公共服务提升的需求亟须大量的资源投入，农村地区的基础设施和相对发展的缺口更大，对于政府主导的公共服务模式提出了全新的挑战。一方面，群众对于减贫脱贫的观念有了新的改观，不再局限于物质层面的温饱，而是更进一步地期待持续性脱贫和小康生活；另一方面，政府庞大的行政体系中科层制行政体制，以及条块分割的行政模式不利于整合资源和明晰权责，因此需要创新贫困治理的思路，借助于社会组织来实现公共服务领域的资源再分配。政府将主要精力放在宏观调控层面上的减贫成效，社会组织则保留相对独立的组织形式，在政府的规制和引导下，成为农村公共事务和脱贫致富的重要承担主体。在目前政府对资源掌握、社会动员力占绝对优势的情况下，可以考虑采取用财政资金购买贫困地区社会组织的公共服务模式运作，这种购买服务的形式可以明确公共产品供给的指向性和权力责任，有利于提高供给效率，也可以间接发挥培育贫困社区社会组织的作用。②农村公共产品的供给是贫困治理的主要问题，公共产品供给不足是市场失灵的主要表现，提供公共产品是政府的职责所在，引入市场机制可以帮助其实现有效供给。

---

① 李景鹏：《走向现代化中的国家与社会》，《学习与探索》1999 年第 3 期。
② 俞桂海：《新农村建设视阈下农村非政府组织能力建设路径选择——以福建省部分地区调研为例》，《行政与法》2011 年第 6 期。

就目前贫困地区发展状况来看，国家投入的资金也越来越大，但资金以项目形式分散到各个部门和不同的领域，这种政府主导的粗放式的投入方式对减贫的效果作用较浅。在扶贫领域引入新的资源投入模式是必然趋势，集中社会各界的力量参与到改善贫困人口的生活水平，逐步实现共同富裕。随着公共产品供给的市场化改革，政府的角色发生分化，从原有的生产者逐步转化为授权者，公共服务供给主体市场化和社会化为社会组织发展提供了良好的契机。公众认识到贫困地区农村公共服务供给不足的现实，以及社会组织对于缓解农村公共服务供给不足矛盾的作用，众多学者建议以农村的社会组织为载体来增加农村公共服务的供给。①

社会组织提供公共服务的方式，目前讨论得比较多的是参与政府购买公共服务的方式，主要是通过签订契约的方式进行。基于政府职能转移的视角，政府与社会组织之间的合作与契约成为可能，形成一种破除政府与社会组织的二元对立的关系，架构良好的政社关系，通过项目中的合作参与，形成良性互动局面。对于政府与 NGO 而言，二者主要围绕优化提供公共物品这一主题进行互动，它们在公共利益指向上的契合性为合作关系的生成提供了现实基础。② 有的学者认为，社会组织参与政府购买公共服务就是一种公私合作伙伴关系，其中的核心是双方签订的契约，③ 社会组织参与公共服务供给政府发生的关系，是购买中政府部门与社会组织的权利义务关系。根据社会组

---

① 郁建兴、石德金:《超越发展型国家与中国的国家转型》,《学术月刊》2008 年第 4 期。
② 高猛、赵平安:《政府与 NGO 合作关系的逻辑与生成——建构主义的视角》,《学术探索》2009 年第 4 期。
③ 柳长兴:《社团组织的发展路径研究：基于公共服务参与的考察》,《南京师范大学学报（社会科学版）》2009 年第 1 期。

织与政府的关系是否具有独立性，分为独立性服务购买与依赖性服务购买；根据购买程序是否具有竞争性，分为竞争性购买与非竞争性购买。试点过程中，中国政府购买社会工作服务的模式主要有三类：一是形式性购买，即民办公助；二是非竞争性购买，即公办私营；三是竞争性购买。

三、基于"社会治理"的贫困治理参与路径

当前，关于社会组织参与治理主要集中在两个方面，一是作为社会治理的治理对象，二是社会组织作为治理主体的多元治理格局。从对社会组织的治理这个角度做出的研究，大多数局限于将社会组织作为治理的对象和客体进行分析，研究的内容侧重于如何规范管理和引导社会组织的问题，很容易造成放大社会组织作为管理对象消极的一面，而忽略了社会组织作为社会治理的主体的积极的一面。因此，社会治理理论中，社会组织在贫困治理中的参与必不可少。

对于治理内涵的理解，学术界对核心要素有一致的认定。第一，所谓治理并不是政府主体的单一行为，而是包含更广泛的主体范围，如政府之外的公共机构和私人机构；第二，治理意味着权力格局的变化，从单一的从上而下的统治转变为自上而下和自下而上的衔接互动，从而建立合作协商的多元合作关系；第三，治理并不是单一的科层制行为，而是形成网格化的组织体系，最终共同参与社区公共事务和社会问题的治理。① 社会治理理论是基于对政府与市场、政府与社会、政府与公民这三对基本关系的思考，着重强调多元主体之间的合作、互

---

① 郭风旗：《区域性公用资源治理模式研究》，苏州大学 2006 年硕士学位论文。

动、伙伴关系的建立和认同共同的目标，追求通过整合资源达到"善治"，① 这也为社会组织参与农村公共危机管理和贫困治理提供了合理性基础。就贫困问题来说，政府和市场以及社会都存在着不同程度的失灵，政府失灵、市场失灵和志愿失灵的形成是相对的，他们无法单独克服自身的失灵和缺陷，任何一个组织单独开展的扶贫行动都不可能取得良好的扶贫效果，而是应当实现优化组合，实现组织与组织间的优化配置，达到效率最优。根据治理理念，政府组织与社会组织完全可以在共同的反贫困目标下，发挥自身的相对竞争优势，以达到合作绩效最大化的结果，即建立多元主体共同参与的治理模式，要求社会组织从内在和外在两方面因素寻求参与贫困治理的路径。

一是自上而下的参与路径。自上而下的参与路径是源于外部的拉力，这种拉力是基于政府职能社会化和机构改革的步伐加快而产生。随着政府采购制度的完善，采购项目逐步由有形的生产产品转向无形的公共服务项目，逐步开放向企业和社会组织购买公共服务。这种制度上的全新探索为社会组织提供了外部资源支持，境外社会组织和官办社会组织的资源也逐渐汇聚到草根社会组织，自上而下的资源结构更加多元，资源的来源更加稳定，形成外在的拉力，促进社会组织的自主性增强和自身组织的完善。同时，也将促进官办社会组织逐渐脱离政府行政体系，实现社会组织的本土化特色探索。

二是自下而上的参与路径。社会组织自下而上的参与贫困治理与近年来政策导向和社会舆论导向紧密相关，其基础在于经济改革和对外开放所带来的民主化和广泛的公民参与。主要在政府政策失灵或者

---

① 徐顽强、李琴南、杨传喜：《数字社会中非政府组织参与政府治理的实证分析——以"5·12"汶川特大地震为例》，《电子政务》2012 年第 9 期。

覆盖不及的领域，通过社会力量和民间资源的灵活性开展针对当地社区最突出问题的活动。这种自组织模式主要包括社区志愿者组织、社区社会组织、自发性行业组织、公益资讯的专家研究机构、农村专业经济协会或综合协会等。这种模式的优势在于自下而上的自主性较强，能够反映不同群体的利益需求。影响自下而上的社会组织发展的主要因素有制度层面的政策法规和资源层面的外部资源供给，以及实践层面的公共服务需求和村民参与状况等。由于农村贫困问题长期存在，贫困地区对于教育、医疗健康、卫生服务、基础设施等需求长期存在，政府面对需求和供给的增长趋势，必须做出相应的回应，给予社会组织更大的发展空间。

第二节　社会组织参与贫困治理
基本实践路径模式

　　社会组织参与贫困治理主要是指社会组织在中国境内开展针对贫困人口和社会弱势群体所提供的各种帮扶救助、开发，以及社会服务活动。匡远配等指出，NGO 扶贫活动领域主要集中于教育、医疗卫生、环境保护、宗教文化等领域，已涵盖救灾、扶贫、安老、助孤、支教、助学、扶残、助医等方面。王名概括了中国 NGO 在扶贫开发方面开展的活动，包括生存扶贫、技术扶贫、教育扶贫、幸福工程、人口扶贫、合作扶贫、实物扶贫、环保扶贫等九个方面。万俊毅等则从非营利机构从事扶贫的具体项目出发，认为其涉及的农村项目主要包括小额信贷、能力建设、实用技术推广、紧急救援、劳务输出、女童助学、妇幼保健、失学儿童助学金补助、希望小学建设、教师培训、配备教学设备和小型基础设施等。[3] 此外，从学者对境外社会组织的研究来看，境外社会组织参与农村贫困治理，除上述内容或领域以外，还广泛涉及了性别平等、社区建设、民族文化保护等方面。总体上看，海内外社会组织参与中国农村贫困治理的内容或领域包括实物救助、金融支持、劳动就业、教育培训、医疗卫生、能力建设、社区发展、

---

③　万俊毅、赖作卿、欧晓明：《扶贫攻坚、非营利组织与中国农村社会发展》，《贵州社会科学》2007 年第 1 期。

性别平等、文化保护、生态建设、灾害救助等多个方面。

杜旻研究了国际救援类 NGO 在中国开展项目扶贫的积极作用和突出问题；[①] 洪大用在研究中选择 22 家不同类型的社会组织，按照组织规模划分为大、中、小三种类型，按照组织建立的类型分为自上而下、自下而上以及国外进入三种类型，从组织性质上分为专业扶贫、扶贫中介以及兼业扶贫，从组织活动领域上具体分为城市、农村及城乡社会组织。通过对不同类型的社会组织参与扶贫活动进行全面和个案的比较研究，从整体上认识社会组织的扶贫活动。扶贫领域是社会组织关注点最集中的领域之一，同环保类、劳工类社会组织相比，参与扶贫开发的社会组织相对于其他领域的组织类型更加丰富、数量更多、影响力和贡献力都较大。

根据社会组织与政府之间的资源依赖情况，将从事贫困治理的社会组织分为三类：一是境外社会组织，即日常所称的国际非政府组织；二是自上而下形成的官办型社会组织，但逐步独立自主开展活动，例如中国扶贫基金会、中国扶贫开发协会、四川省扶贫开发协会、云南省扶贫开发协会等；三是自下而上形成的草根社会组织，其特征主要表现为由民间主体发起建立，在组织运作、资金来源以及人员管理方面具备一定的自主性和草根性。例如四川仪陇县乡村发展协会、大巴山生态研究协会、秦巴山乡村发展研究中心、秦巴山新农村建设发展联合会等。官方和半官方的社会组织仍然是扶贫活动的主体，草根社会组织参与扶贫也越来越多。除专业组织（中国扶贫基金会）外，许多非专业组织也介入进来，并开展了有特色的扶贫行动。

---

① 杜旻：《NGO 扶贫项目中的管理问题对实施效果的影响——对宁夏泾源项目的调查》，《开发研究》2006 年第 6 期。

一、国际社会组织的合作型参与路径

国际社会组织大多数是在 1990 年以后进入中国，绝大部分总部设在发达国家或地区，来自其他发展中国家的社会组织很少或几乎没有。根据开展项目方式的不同分为运作型组织和倡导型组织，不同的组织类型，组织规模各不相同，运作型组织在组织规模上一般都是根据项目办公室多少来决定，而倡导型组织则人数较少。目前其身份大多数仍是模糊状态，一般不注册或者是变通注册。很多机构虽然无法注册但绝大部分仍然在中国设立了办事机构，这些办事机构主要集中在北京、昆明、上海、成都等城市，这几个地方也成为目前社会组织最活跃的地区。

根据资源的来源和去向，国际社会组织参与贫困治理分为两个部分，第一部分是指国际社会组织资金以及资源的来源，第二部分是项目开发与运作。

（一）资源的募集与使用范围

国际社会组织的资金以及资源来源主要是依靠自主募集。其筹集资金渠道更加广泛，主要是来自海外募捐、向海外其他国际 NGO 申请项目资金、接受海外政府援助、向国际多边组织申请项目资金、向国内社会募集等，多元化的筹集资金渠道是境外社会组织在中国境内参与贫困治理的重要优势。

国际社会组织一般具有明确的组织目标，资金的使用范围和组织目标高度一致。当前，国际社会组织参与治理的领域主要集中在教育、卫生保健、环境与动物保护、扶贫与社区发展、本土社会组织的能力建设、赈灾与重建等方面。国际社会组织由于其资源来源于国外基金会或者慈善捐助，筹资方式和组织文化理念差异对项目目标有着直接影响。一般来讲，国际社会组织对于受助对象有着比较清晰的界定，主要侧重于贫困地区的贫困农户以及妇女、儿童等弱势群体，在内容上主要侧重于教育医疗以及生计发展，从根源上促进贫困人口能力的提升，目标定位十分清晰。

（二）项目开发与运作

国际社会组织参与到农村贫困治理中主要是通过项目制的方式。这种项目制与政府的自上而下推进的项目不同，其核心是强调参与，使与贫困村项目相关的利益相关者都参与其中，主要是在项目开发、组织建设、项目运作、项目管理以及评估项目等方面。

项目开发。在前期，项目都是由社会组织自主开发出来的，这种项目开发是在组织目标和项目社区发展意愿双向结合的过程中产生的，依据资金的使用范围和项目涵盖的对象进行筛选。一方面，发布招募项目合作方的信息，并进行公开项目申报，符合条件的组织填写项目申报书，由经过初步审核后报备总部，并进行实地考察，结合社区的实际情况，由社会组织项目部、农户和社区，以及政府部门的多方参与讨论进行选择和确立项目。一般而言，各国际社会组织都有自身的项目品牌和特色，每个组织的项目开发都体现了社会组织的组织文化和帮扶理念。在国际社会组织的项目开发之中，每个项目确立之前都必须由项目部亲自进入社区探访并收集翔实的资料，落实项目目标群体的切身需求，并带入组织的理念文化。

项目合作伙伴。对于国际社会组织而言，参与贫困社区治理的第一步是寻找项目伙伴和项目社区。项目伙伴的合作意向是社会组织参与农村贫困治理的重要的一个环节，一般来讲，项目伙伴对国际社会组织组织项目的了解和价值观念的认同十分重要。项目社区的选择一般是通过合作单位进一步了解，对符合国际社会组织条件的社区进行筛选和甄别。

项目组织建设。为配合项目实施的组织架构，国际社会组织主要在城市设立项目办事机构或者分办事处，在边远贫困地区设立项目点。在县乡一级包含县一级的项目管理委员会和乡镇一级的项目执行委员会。在县一级，一般都是由分管相关部门的副县长牵头，成员还包括社会组织的工作人员和当地的领导，并要求半年定期开会，讨论资源到位情况、项目参与情况和遇到的困难等。乡镇一级称为项目执行委员会，各村组的小组长和乡领导都是委员会成员，要求每个季度开会，相互学习，相互出主意。这种嵌套式的委员会结构对于项目的实施有着重要的作用，项目管理委员会涵盖了分管领导和相关政府部门，项目成为三者合作的一个节点，既在领导和部门的工作范围之内，也可以创新工作方式，取得一定的政绩。同时，委员会之中各成员都参加培训，并且参加其他区域办项目点参观交流活动。对于乡镇一级的执行委员会而言，村里的代表能够参加并议事，为自己村里争取项目和资源取得一些支持，培育社会资本。

项目运作实施过程。项目模式主要分为三个阶段：第一阶段是建立互助组，并形成互助组自身的3—5年的规划与愿景，并基于社区既有的资源，做一些短期的规划和力所能及的活动，一般通常规划目标包含养殖增收、社区和谐、社区多样化需求设计；第二阶段是强化互助组，改善并实现项目目标和互助组规划；第三阶段是影响和带动社区综合发展，形成项目社区、项目伙伴，在此合作关系中，国际社会组织依据本地的社会组织情况，选择社会组织在社区中开展项目，不论社会组织与项目伙伴即政府部门之间有没有直接联系，但是项目伙伴所在的政府部门对草根社会组织仍然有行政上的监管关系。一些社会组织在早期以物质投入和资金注入为主，在社区的合作对象多半都是村委会。在后期参与式扶贫的过程中，资金和项目一般会通过选择草根社会组织再去提供服务的形式，这种形式从原来"授之以鱼"逐步转变为"授之以渔"，同时可以推动草根社会组织的组织化发展。项目伙伴在具体项目实施中，实现了项目资源与社区资源的整合、社区发展理念与项目要求的转化、社区发展理念与项目模式的融合、项目理念和社区实践的经验提取四个方面的附加成果产出。

项目评估与产出。项目运作中注重参与、平等、尊重、互助等理念，因此在后期项目评估过程中，这些理念仍然是考评项目效果的重要指标。不仅注重受助人群物质生活水平的提高，同时也注重精神面貌的改善和进步。项目评估注重能力方面指标的考评，主要是为了防止短期脱贫之后的返贫现象，让社区群众能够积极参与社区发展项目的设计和执行，提高参与的能力和对发展项目的认识，培育贫困社区互助组和合作社的发展，运用自组织的操作方式强化社区的可持续发展能力。这种可持续性的项目设计和评估有利于社区在扶贫项目或者社会组织项目结束后，仍然能够自我维持运作和发展。并且，通过社会组织在社区开展项目，衔接社区居民的各种利益联系和情感联系，增强社会资本，融合社区关系，注重社区内部文化的提升，从生产、生活和生计三个方面达到可持续的发展，最终实现社区摆脱贫困、家庭和个人获得自力更生的能力。

二、官办社会组织的自上而下型参与路径

官办社会组织在严格意义上仍处于身份不明晰的状态，在本书中主要代指具有官方背景或者逐步转型从体制内脱离的基金会和协会组织，以与草根社会组织和国际社会组织区分开来。自上而下型官方背景社会组织由于自身处于政府体系之内，属于"准政府"范畴，大部分资源的管理模式和使用分配方式仍然沿袭着政府资金的管理模式。由于这些官方背景的基金会是合法的公募基金，有正规的常态化的筹资渠道，本身不具有资源依赖性，在社会组织参与贫困治理的过程中充当资源的中转方，也是资源的供给方。

（一）项目资金募集

官方背景的社会组织资金募集主要分为常态化募集和临时性募集。常态化募集主要包括一些日常的捐赠活动，来自政府部门、企业、组织或个人的日常捐赠和募捐仪式进行的筹款，对于企业和个人而言，公益性捐赠必须通过规定的限额和规定的渠道，即公募基金和符合税法规定的组织进行捐赠才能获取免税资格。因此，企业针对贫困地区的捐赠大部分是通过光彩促进会、扶贫基金会、红十字会、慈善总会等官方背景的社会组织进行中转。以中国扶贫基金会为例，其成立于1989年，是在民政部登记注册的，以国务院扶贫办为主管单位的公募基金会，主要业务范围包括募集、接受海内外捐赠、扶贫开发、紧急救援、国际合作、培训交流、咨询服务等。临时性募集主要是针对重大自然灾害和突发性事故引起的重大损失，如灾害救助和灾后重建生计恢复等。中国扶贫基金会于2003年开始实施经济援助项目，倡导和推动政府与非政府组织之间在灾害救援领域的合作，在汶川地震、西

南五省干旱、玉树地震、舟曲泥石流、南方水灾、芦山地震等重大灾害中，都在第一时间启动紧急救援。

（二）项目资金的使用

总体来讲，中国扶贫基金会作为筹资型基金会，除紧急物资援助之外，不直接参与社区的发展项目，而是作为资源供给者，培育和支持草根社会组织参与到贫困社区发展之中，这种参与是自上而下的，根据贫困地区需求创建公益项目，并将项目按照需求内容分解成专业化分工较为明确的子项目，通过现有社会组织的组织资源选择合作对象，并监督管理合作方的项目实际运作。在四川省社会组织参与贫困治理的调研中发现，中国扶贫基金会在公益项目中将各方的社会组织的资源进行了整合，实现了跨地区的社会组织之间的共同合作，这些组织涵盖生计发展、环境保护、传统文化保护、弱势群体帮扶、医疗教育、培训支持等各个方面，形成一个系统的社会组织在贫困地区的治理网络，草根组织之间各有优势和分工，保留各自的运作模式和接受基金会对财务和资金的审查以及项目的监督。这种方式既从上到下注入资源到社会组织，同时又有利于社会组织自身的发展。将社会组织的发展引导到更加系统和规范的发展道路，社会组织的分工越发明晰，其专业化程度就会相应得到提升，自身的服务质量和口碑也可以得到提升，最终达到社会组织和贫困社区的双重发展。

（三）项目品牌建设

官方背景的社会组织在参与贫困治理中，受到人力资源匮乏等因素的制约，逐步由"操作型"向"筹资型"机构转变，这种转变有利于草根社会组织的孵化和发展，同时也提升了项目实施的效率。在此过程中，为避免项目众多而分散运营，需要树立公益项目品牌，并吸收和运用先进的项目管理和营销模式对项目进行推广。从 2005 年到 2011 年，中国扶贫基金会年投入资金约 5375 万元，资助了 128 个公益项目，同时提供能力培训。而且，与欧盟合作举办 4 期 "促进公民社会发展——中国 NGO 能力建设项目"，56 家 NGO 的 102 人接受了培训。实践过程中，积累了大量草根 NGO 资源，建立了基金会与草根 NGO 合作网络，形成了 "公开项目评审、组织参与式培训、持续跟进项目进展以及总结项目经验" 的连续性管理，逐步探索出以 "公益项目" 为支点撬动民间公益组织管理能力提升的资助型项目模式。在四川汶川大地震和芦山地震中，针对因灾致贫地区和人群，中国扶贫基金会分别发起并支持了两个公益项目 "助力工坊" 和 "公益同行"。"助力工坊" 项目以 2011 年中国扶贫基金会 "NGO 参与汶川地震社区发展" 项目中社区项目的 17 个执行机构作为服务对象和研究对象，通过一年的项目陪伴和助力支持，从项目效果、团队人员能力提高、机构发展三个方面，说明助力支持项目模式对公益型 NGO 项目执行和团队成长具有重要影响和作用。通过了解 NGO 项目执行过程中可能遇到的各种困难和问题，梳理影响 NGO 组织发展、团队成长的内外因素，促进了 NGO 与基金会之间的交流与理解。

2013 年 8 月 19 日，中国扶贫基金会发布 "公益同行——NGO 合作社区发展计划"，中国扶贫基金会与加多宝集团和英特尔（中国）有限公司共同投入 2500 万元人民币（其中包括加多宝 1 亿元捐赠善款中的 1000 万元和英特尔为 "4·20" 芦山地震灾区捐赠的 1000 万元），携手打造 "公益同行——NGO 合作社区发展计划"。该计划从社区项目支持、社区能力陪伴、社区人才培养三个层面系统性地支持社会组织，活化社区服务、激发社区活力，凝聚社区创造力和行动力，提出了"改变自我、改变乡村、改变中国"的合作发展理念，探索"中国农村社会治理创新中的社会组织参与机制"及"新时期农村社区综合发展模式"，推动社区产生积极的、可持续的改变。

官办型社会组织的转型和分权，是促进草根社会组织发育的重要推动力量，使草根社会组织在资源来源方面有了更多的机会和选择，同时也促进草根社会组织的服务水平和专业化程度的提高。

三、草根社会组织的自下而上型参与路径

自下而上的草根社会组织参与贫困治理的主要路径在于利用自身的优势和定位在农村社区发挥作用。一方面，草根社会组织根植于农村社区的特殊性，使其在农村社区的亲和力和社会渗透能力发挥优势；另一方面，提供服务的专业性，扶贫类农村社会组织大多是从事某一专业领域的机构，具有专业知识和技能的工作经验以及工作优势，更便于作为角色补充来提供公共物品和公共服务；重构乡村团结和秩序，联结农户与市场，发挥社会资本的作用。自下而上的参与是草根社会组织的重要特征，如果将社会组织参与贫困治理的过程按照供应链的角度思考，草根社会组织处于产业价值链的末端，是属于直接制造和生产社会服务的主体，这个主体参与的路径与其供给的公共产品的内容和范围有关，同时也与其组织化程度相关。

从四川省的调研中发现，稍具规模的扶贫类草根社会组织在原有基础上注册成立了新的社会组织，形成规模效应。就社会组织的角度而言，个体组织为了积累资源、保证信息畅通、实施影响或获得合法

性和被接受性，都有加入联盟或走向联合的需要。①单个草根组织的公益影响力有限，并且能够获取的资源和信息渠道也受到组织规模和所在区域的限制，而建立联合型的枢纽平台，则可以改善这种单兵作战的局面，整合公益资源，提高草根社会组织的整体影响力和竞争力。秦巴山区农村发展公益组织学习平台是八家机构（见图7-1）在自愿的基础上于2013年12月组建而成，学习平台成立之初就受到了南都公益基金会和北京永青农村发展基金会的资助和支持。学习平台成立后主要开展三方面活动：机构间协调会议、专题工作坊、外出参访。从理论上看，学习平台的建立是社会组织的再组织化，个体社会组织力量弱小，需要集结成大型的中介性联合组织，与政府部门有直接的沟通、对话和互动，以争取组织生存发展所需要的制度、政策、物质等各种资源。②

一方面，学习平台名副其实地起到了各家社会组织的交流桥梁作用。在经验交流方面，各家机构梳理了工作情况并做出工作总结，共同探讨了社区营造模式、方法。平台成员共同对各家形成的对外申请的公益项目建议书进行研讨和修改，并就项目建议书的形成基础与项目建议书的主要内容和其中的逻辑关系进行充分的讨论和学习。在信息传递方面，学习平台专职秘书在平时工作中通过网络积极寻找与平台机构发展相关的资讯，并及时传递给大家。如在参加2014年深圳慈展会前期，专职秘书时刻关注慈展会动态，将慈展会组委会要求传达至平台机构并协助平台机构准备并上报相关材料。

另一方面，学习平台成为衔接资源供给方和资源需求方的枢纽组

---

① ［美］理查德·斯格特：《组织理论》，黄洋、李霞等译，华夏出版社2002年版。
② 万军：《社会建设与社会管理创新》，国家行政学院出版社2011年版。

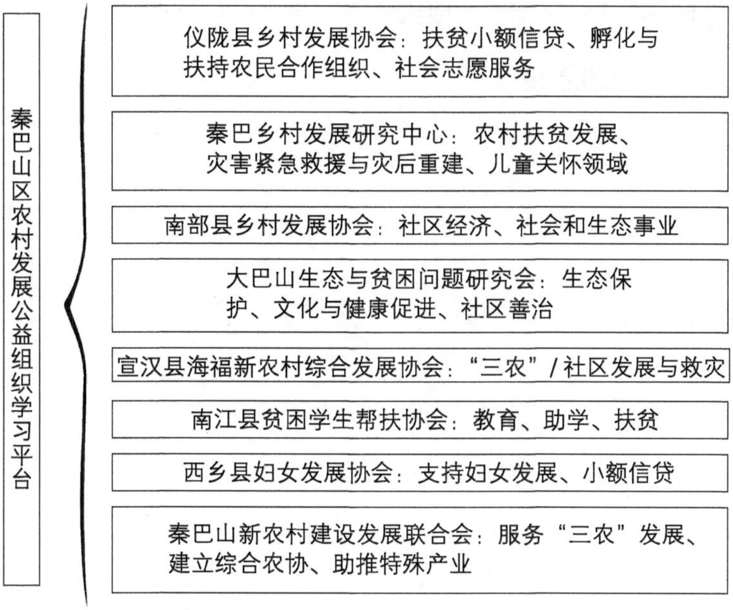

图 7-1　公益组织学习平台

织。中国扶贫基金会拟以学习平台为基础发起"美丽乡村，公益同行"的招投标项目。另外，招商局基金会及国际美慈等组织都在持续关注和支持学习平台的成长和发展。其中，招商局基金会准备帮助学习平台进行机构的战略规划。这种资源衔接，实际上是社会组织逐步减弱资源依赖，争取话语权的重要方式。在社会组织之间也存在着因自身禀赋不同而产生的资源依赖程度差异，独立性和自主性等都是社会组织参与贫困治理的重要影响因素。

就单个社会组织的参与路径而言，这些社会组织在学习平台的综合连接之下，主要是以项目形式开展各自的活动，推进本土性知识与现代科技相结合，引入参与式方法和理念推进贫困治理，同时加强贫困人口的知识技能培训的方式。在文化方面，发掘本土文化的方式推动脱贫致富；在金融方面，推动新型金融的推广带动贫困人口脱贫，提供信息服务、资金援助、技术支持、培训学习机会，发挥示范效应，推动农户与市场的连接。

第三节　社会组织参与贫困治理
路径优化策略

社会组织由于类型各不相同，参与贫困治理的路径也存在个体差异，但总体上来讲，目前，社会组织参与贫困治理的地域上存在不平衡、社会组织内部发展状况参差不齐、各自在开展项目时得到的社会支持各不相同。基于此，社会组织参与贫困治理的程度仍然不足，角色实现不足，因此必须从政府与社会组织之间的角色界限、制度环境、组织建设以及合作机制的构建等方面，对社会组织参与贫困治理的路径予以优化，使其能够发挥更大的减贫效果。

一、厘清政府与社会组织在贫困治理中的角色界限

扶贫开发作为一项系统性工程，在近30年的不懈努力中，中国目前的贫困状况已由大规模贫困逐步转向区域性贫困和群体性贫困，随着经济社会生活的日益丰富和复杂，由政府单独应对贫困问题，向贫困地区和贫困群体提供公共服务已经无法满足需求。

构建多元参与贫困治理的格局，首先需要厘清社会组织与政府之间角色界限与关系。政府与各类社会组织关系影响到宏观政社关系的大格局，从国内外先进经验中不难发现，政府的包揽全局并不能全盘解决所有社会问题，而且极易带来行政效率低下、财政资源紧缺、公

众积极性不足等负面的压力。在政社关系上，应该适当地放权和授权，给予专业的社会组织相应的生存发展空间，提高贫困地区自我发展的能力。面对纷繁复杂的社会事务，政府依托于市场，希望其能在资源配置中起到决定性作用，同时培育社会力量，希望社会在提供公共服务和解决社会问题中发挥重要作用。

一方面，政府应当逐步放权和职能转移，实现由"全能型政府"向"服务型政府"的转变，认清社会组织在贫困地区和贫困人口脱贫中的重要作用，大力支持社会组织参与到农村社区公共服务之中。参与贫困治理的社会组织大多数都是具有较强的行动能力和价值导向的组织，这类组织在基层实践中的公益形象有利于开展项目活动，贫困治理领域的政社关系的明晰需要政府和社会组织分别明确自身的权利和义务，合理地区分参与界限和活动范围，建立互相合作的平等关系。

另一方面，在现有的合作格局中，政府需要及时调整自身的角色定位，将政府角色的"越位""缺位""错位"及时进行角色调整。政府在贫困治理中的"越位"主要表现在政府管了不少应当由社会组织解决的问题，表现在政府为了应对政社分开和职能转移的大趋势，将本应转移给社会组织的职能转移给隶属本部门的官办社会组织，实质上资源仍然控制在政府自身内部。这种强依附关系，由于官办社会组织的资源来源充足，在工作模式和方法上仍然沿袭政府体制内扶贫的方法，扶贫效率仍然不如那些自发生成的社会组织。"缺位"主要表现在政府对社会组织的监管责任上，一些社会组织在注册时，有些选择在工商行政部门登记注册，有些在民政局进行登记注册，并挂靠各自主管单位，此时便会出现两种极端——多头管理或管理真空，不论是多头管理还是管理真空，都是政府在登记注册和监管过程中的职责缺位。

"错位"是指政府将本应由政府解决的事务交给社会组织来完成，造成主体错位。这些本该由政府来完成的事务，社会组织去管，取得较好效果时是政府的政绩；但社会组织能力不足，不能很好应对这些事务时，政府在群众中的公信力将大打折扣。因此，厘清双方关系的重点在于明确政府与社会组织各自的职责范围。社会组织也应当正确定位自身在贫困地区社会事务中的角色。社会组织在贫困治理中的角色定位应当在于整合社会资源、提供贫困治理政策的咨询与决策，对政府扶贫进行有效的补充等方面。此时，社会组织应当承接政府部分社会职能，其发展不是为了与政府争权，而是应当协助政府部门治理社会。社会组织要做两大类事情：一是政府想做，但暂时还来不及做的事情或者是没有精力做的事情；二是政府虽然没有想到要做，但是只要社会组织做了，它也不会反对的事情。[1]

二、突破社会组织制度困境，引导社会组织健康发展

当前社会组织的发展，受到了制度化和非制度化两方面的制约，这种制约直接导致了其在贫困治理中作用的发挥受到一定限制。

突破制度困境，就要完善社会组织立法和法律法规建设，将社会组织参与贫困农村治理予以规范和引导，建立与时俱进的系统性制度环境。现阶段，从社会组织登记与管理方面来看，《社会团体登记管理条例》《民办非企业单位登记管理暂行条例》《外国商会管理暂行规定》等条例中，对社会组织的登记注册和备案等存在诸多限制，存在着"双重管理困境"，虽然在四川等社会组织比较活跃的地区，这些限

---

[1]　黄承伟、周晶、程水林:《农村贫困治理中社会组织的发展及制约因素分析——以秦巴山片区 4 家草根社会组织的调查为例》,《农村经济》2015 年第 10 期。

制在实践中有所改观，但总体上这种局面仍然普遍存在。在《公益事业捐赠法》《取缔非法社会组织暂行办法》《基金会管理条例》《民间非营利组织会计制度》等法规条例中，社会组织获得的税收优惠政策、会计制度、税收征收等方面与其他主体没有较大区别，没有充分考虑社会组织的特殊性，在享受税收优惠和实行财务管理时，产生了一道无形的障碍。在政府购买公共服务相关的法律《政府采购法》中，还未将农村公共服务购买纳入政府的法定采购范围内，购买客体中也还未包括社会组织。对于让社会组织参与到公共产品和社会治理的制度环境仍然不成熟，存在各自为政、多方约束等现实状况，这些制度性的约束导致了社会组织在开展自身的活动时面临重重阻力。与此同时，非制度化的约束也普遍存在，即社会组织在现实中的"合法性困境"。农村基层社会中存在着活跃于社会生活各个领域的社会组织，虽然没有获得登记成为合法的社会组织，但是却通过自身在基层的行动获得了社会的认可和支持。但这种社会合法性对于社会组织的运作是远远不够的，社会组织参与农村贫困治理，需要以一定的公共权威为基础，否则就会遭受到传统治理权威的抵制，也会受到来自当地民众的不信任和排斥，权威的认同是一个重要的方面。但对于社会组织的价值认同还有很长一段路程要走，在基层的认识上仍然存在分歧，一些地方政府对于社会组织比较欢迎和支持，认为其协助政府开展项目实质上是政府政绩的一部分。而有一些地区，社会组织被当作政府职能和权力的入侵者，政府持有防备和怀疑的态度，担心其参与的动机和对群众的不良影响。因此，如何与基层政府建立良好的互动合作，实际上是社会组织参与贫困治理的一项重要任务。

突破制度困境，要建立长效政府与社会组织合作机制。尽管社会组织在运行过程中不断强调不同于政府的使命和目标，强调本组织的自治性、自主权，但无论是政府组织还是社会组织都致力于国家的经济政治发展，这是双方共存、共处与合作的基础。对各种不同类型的社会组织而言，政府的支持和鼓励是他们运作的有利环境，要想实现组织使命，必须得到政府的许可和承认；还要争取获得政府的多方面资源支持，如经费、信息以及技术、设施等。

当前，社会组织参与贫困治理仍然处于资源制约、行政制约以及合法性制约等困境之中。从资源依赖的角度来看，社会组织取得何种资源和资源的数量都受到严格的限制，在制度上缺乏生存空间，难以获得资源或者少量剩余资源，发展相对缓慢。一是应当完善政府购买机制，充分调动社会组织的积极性，政府可以通过公开招标的形式，发动社会组织参与到公共产品和服务的竞争中来，并对中标的社会组织进行评估和监督，促进其专业化服务水平的提升。二是应当拓展社会组织资源来源渠道。在调研中，草根扶贫类社会组织的资源来源渠道主要包括三个方面——境外社会组织、官办社会组织或基金会、政府部门。境外社会组织大多为境外募集款项、接受国内外各项捐赠等；公募基金会则是通过行政手段进行资金募集，但这种募集带有行政吸纳的色彩，其最终以项目招投标的形式来进行资源分配，根据公募基金会的性质，投入各自关注的领域。政府部门的购买服务大多集中在城市及较发达地区，购买服务的类型多数以社区居民服务为主，对于农村地区生计发展、社会资本的挖掘等方面投入明显不足。因此，应当适当拓展社会组织的资金来源渠道，扩大其社会资源的吸纳能力和筹款能力。三是加强社会组织的管理。社会组织作为社会治理的客体，必须受到法律和制度的管理，同时应当加强行业规范和公共道德建设来规范社会组织的发展，进一步形成政府管理、社会监督与非政府组织自律相结合的多元化监管格局，从而实现非政府组织规范运行和自主发展，才能更好地发挥农村非政府组织在农村经济建设、公益事业中的服务能力和在新农村建设中的作用。

三、加强社会组织自身建设，提高其组织化程度

资源、人才和管理是组织生存和发展的重要部分，加强组织自身建设主要在于三个方面：一是改善资源匮乏面貌，加强整合资源能力建设；二是吸引和留住高素质人才，即加强人力资源管理；三是加强自身组织建设。

目前，社会组织在农村地区开展活动主要的资金来源于项目，这些项目主要是通过政府购买服务、境外社会组织支持项目、基金会支持项目等方式产生，大多数草根社会组织没有自我筹款能力，只能通过一级一级项目分包的形式开展合作。随着农村社会组织的不断增多以及贫困地区需求的多样化发展，现有的资金来源已经无法满足其需要。而这种资金来源渠道的局限性是社会组织资源依赖的重要瓶颈，[①]加强整合资源的能力是改善资源依赖的重要渠道。在筹资理念上必须从传统的被动等待转变为主动宣传，挖掘出更多的私人捐募渠道；同时要加强与政府、企业、基金会以及其他社会组织的互动，以获得更多的资源支持。在资源筹募到之后，需要加强资金的公开公示透明化管理，接受社会的监督和获得公众的信任。

社会组织的人才问题是其发展的重要制约因素，农村地区的人才

---

① 黄承伟、周晶、程水林：《农村贫困治理中社会组织的发展及制约因素分析——以秦巴山片区 4 家草根社会组织的调查为例》，《农村经济》2015 年第 10 期。

需求量大，社会组织也能够提供大量的就业岗位，但由于当前城乡收入水平差异较大，大部分人在择业时优先选择城市地区更具吸引力的行业。社会组织长期根植于农村社区和小城镇，从地域条件和待遇方面不具有竞争力，农村地区的社会组织面临人才招聘难、留住难。农村社会组织的人员构成大多以退休人员和兼职人员为主，组织内部专职人员较少。再者，由于贫困地区大多是劳务输出地，本地农村劳动力外出务工，从本地培养人才负责社会组织的工作也遭遇了困难。

　　加强社会组织自身组织建设是促进社会组织在贫困治理中可持续参与的重要保障。包括社会组织在自身运作过程中的章程、流程、对外合作、项目管理等方面能力的建设。一般来讲，社会组织组织化程度越高，其自主性和可持续性就越强。社会组织自身的组织化过程中面临巨大的挑战，由于资源的约束社会组织的规模一般都较小，办公地点不稳定，网络建设等方面均处于滞后状态，组织化程度较低。而且，大多数草根社会组织对于领导者的个人能力和魅力要求很高，领导者的个人能力大小、社会资本的强弱，对于组织争取资源和项目起着重要的作用。农村草根社会组织在调研中尤其提到接班人的问题，如果没有长效的资源供给机制，社会组织自身的发展将与领导者的盛衰休戚相关。加强组织建设，一方面，要求社会组织从内部管理、组织硬件设施和软件设施等方面进行改善；另一方面，外部联合的再组织化、形成规模效应和信息共享、提升整体的竞争力，也是加强自身建设的重要途径。

四、促进社会组织与政府部门的公私合作

　　社会组织通过吸纳和整合民间资源支持农村发展，以增加农村公

共服务供给，这种社会组织主导下的资源分配是对政府主导的重要补充。这种重要补充地位是由农村公共产品和服务供给和需求状况所决定的。政府长期担任农村公共物品的唯一供给来源，这在计划经济时期是特殊历史条件的要求，但随着农村经济社会的不断发展，农村对于公共产品的需求开始不断多元化，城镇化的深入使得农村地区在生活方式和传统生活观念等方面发生了重大转变，尤其是在贫困地区，受地理位置和交通等基础设施的局限，其公共产品的供给成本高于其他地区，如在基础设施建设、农产品流通的交易费用、教育、医疗卫生等方面，都远远落后于农村平均水平。但政府的公共产品和服务供给是遵循"中位数供给"，保障绝大多数的人口享受到均等化的公共服务，这无疑会将最贫困的一部分群体遗落在公共服务平均水平之外；同时，政府对公共产品供给具有稳定性供给特质，而在贫困地区，自然环境、农业发展条件、人口出生比率、劳动力结构等方面均具有脆弱性，相比于其他地区，贫困地区的公共产品的需求在规模、数量、范围等方面更加庞大，且更具有动态性，政府受公共财政的限制，投入难以满足需求，对公共产品的需求回应不足。基于社会组织在贫困地区的探索经验，社会组织的参与促使农村公共服务供给的主体更加多元化，且运用自身的发展优势，发挥着良好的补充作用。社会组织采取合作伙伴的工作模式，与政府、团体、学术单位及项目点的群众建立合作关系，共同努力，努力实现脱贫及持续发展的目标。

五、推动社会组织与市场主体的多元合作

社会组织与市场主体之间的合作是社会组织扩展资金来源渠道的重要方式。一是直接合作，主要是政府动员式劝募或是企业购买社会

组织的服务，政府动员式劝募是传统的做法，主要是在政府的引导下，向公益机构捐赠；企业购买社会组织的服务，尤其是在贫困的农村地区，这种购买主要是与发展产业和村庄的基础设施建设捆绑进行，企业将部分资金或者某一个履行社会责任的项目委托给草根社会组织来实施。二是社会组织与市场主体的间接合作，一方面，包括社会组织的市场化转型，即社会企业，在保持公益目标的前提下，以营利的方式维持自身的运营和投入更多的资金从事公益事业，运用市场运作的方式解决自身的外部资源依赖；另一方面，间接合作包括营造良好的公益氛围，促进和带动企业主体社会责任的履行。

第八章

结论与建议

第一节　结　论

以福利供给主体研究为主要内核的福利多元主义以及以解决社会政策问题为内核的福利治理理论，都强调政府之外其他市场主体和社会主体在福利供给中的地位与功能。福利多元主义肇始于对福利国家危机的反思，强调国家作为单一福利供给主体在可持续性、专业性、效率性等方面存在的短板，强调志愿者组织、市场组织等与国家共同参与国民福利的供给。而福利的概念则起步于对社会贫困问题的关注，因此贫困问题成为福利治理的应有之义，由此引致扶贫主体的多元化。特别是在 20 世纪 90 年代，治理理论的出现宣示了政府管理范式和市场竞争范式在多元化社会问题治理方面出现了"政府失灵"和"市场失灵"。因应时代变化需求和治理理论的发展，以非营利组织和非政府组织为代表的社会组织以其非营利性、非政府性、专业性、志愿性成为应对"政府失灵"和"市场失灵"的有效工具和治理手段，这也证明了社会组织参与贫困治理在理论上的可能性。

首先，在农村贫困治理方面，政府通过科层制组织由上而下的单向度治理工作存在目标漂移。这主要体现在贫困问题并非可以单纯地看作经济性问题，而其在表象后面隐藏着权力、文化等社会性因素。因此，政府传统的以经济手段提升农民经济状况的做法与贫困的问题本源之间出现了偏离。贫困的社会性否定了经济结果主义的反贫困价值取向，催促着以经济扶持为手段的工具性向贫困人口实现实质自由的目的性过渡。而这种回归正是社会扶贫公平、正义的根本价值取向，这一过渡也正是社会扶贫多维度的功能所在。[1]政府单向度地以工业反哺农业、以城市带动乡村的扶贫手段，农民只是接受经济帮扶，并没有触及农民贫困的根源——权利贫困，即工业化、市场化过程中同工同酬的权利、获得社会保障和救济的权利、享受医疗保障的权利、农产品自由流通的权利以及参与脱贫决策的权利等是"贫困"的。[2]而这种目标漂移最直接的表现体现在政府在贫困治理中存在的权力寻租、外部性、效率低下等问题，"政府失灵通常与权力过度集中、内部性问题等方面有关系，政府失灵直接导致其扶贫政策的低效率以及难以瞄准目标群体等问题。市场失灵导致的贫困问题通常与信息不对称、资源利用的外部性、产权不明晰等有直接的关系"。[3]

其次，市场作为国家—市场—社会治理铁三角的一极，在效率提升、资金来源、信息来源等方面具有天然的优势，但是，贫困问题的非营利性、公益性、道德性、长期性等属性决定了市场难以发挥其自身的功能和寻找到合适的角色。于是，市场在农村贫困治理中的角色和路径选择更多地通过企业社会责任等形式实现自身品牌价值提升和潜在客户培养，而这决定了市场在贫困治理中的"失灵"。

相较于政府扶贫和市场扶贫，社会组织自身特有的民间性、灵活性、专业性、非营利性以及功利性，决定了其扶贫行为与政府和市场

---

① 刘牧：《当代中国农村扶贫开发战略研究》，吉林大学 2016 年博士学位论文。

② 蔡科韵：《政府与社会组织合作扶贫的权力模式与推进方式》，《中国行政管理》2014 年第 9 期。

③ 苟天来等：《国外社会组织参与扶贫的经验和启示》，《经济社会体制比较》2016 年第 4 期。

组织存在不同。"贫困是复杂的社会现象，是无法通过市场机制根治的问题，需要政府承担起反贫困的主导力量。然而，扶贫是一项复杂的社会工程，需要政府起到主导作用的同时引导社会力量合力应对贫困问题。"[①] 社会组织在农村贫困治理中的优势则主要体现在如下三点。

第一，公益价值取向优势。公益性是社会组织的天然属性，也是社会组织存在的根本，农村贫困问题无论是在规模，还是在社会影响方面，都决定了其本身属于社会公共问题，其问题的解决属于公益的一部分。因此，当社会组织与贫困治理相结合之时，"公益性价值取向是进一步发挥其专业性、资源整合、灵活创新等优势的基础"。[②] 为最大化自身公益价值取向，倡导成为社会组织实现组织愿景的重要手段，不同于政府和市场，社会组织可以通过倡导行为将自身对贫困治理的重要性、内容和意义向社会进行宣传，"社会组织对于扶贫工作所做的贡献并不局限于投入钱和物，他们在影响舆论、传播知识和进行制度创新等方面也作出了有益探索，对政府扶贫工作起到了积极的补充甚至示范作用"。[③]

第二，灵活性和专业性优势。不同于科层制的政府组织和市场组织，社会组织在组织结构上具有灵活多变的优势，可以依据项目实际需要进行人力资源的组合，同时社会组织其组织愿景和宗旨相对集中，围绕组织目标，可以调动更多的专业资源，与此相对应，政府组织在扶贫中更多地讲究公平、规模和短期效应。为此，其扶贫主要采用理

---

① 刘牧：《当代中国农村扶贫开发战略研究》，吉林大学 2016 年博士学位论文。

② 丁越峰：《社会组织参与农村贫困治理的理论与实践研究——以仪陇乡村发展协会为例》，华中师范大学 2014 年博士学位论文。

③ 张高陵：《社会组织在扶贫中的作用》，《社团管理研究》2011 年第 2 期。

性的经济工具，过分强调经济效果。而且民间性与灵活性让社会组织在扶贫时具有政府无可比拟的优势，能够更详细、更准确地把握贫困地区群众的准确需求，实现精准扶贫的目标。①

第三，可持续性优势。建立在理性工具思维基础上的科层制组织，在一定时间内最大化产出是其主要目标，经济效益导向的市场组织需要对股东负责，政府组织需要对考核指标负责，因此两者都具有短期内最大化产出的内在冲动。体现在贫困治理方面，政府组织需要按照既定的规划和计划，分步骤实现既定目标，因此对负责的贫困治理问题简单操作化成为其便利的选择。但是，"社会组织却可以克服上述的弱点。许多社会组织都试图通过较为综合的项目，在相对较长的时间段内，从多个角度解决农村的贫困问题。由于多数的社会组织在一个地区实施项目的时间往往有限，因而在项目实施期间，地方能力建设的问题就成为他们关注的重要目标，这包括一个有效组织机构的建设和人的能力提升。此外，自下而上的发展被越来越多的社会组织所接受，不仅成为他们的工作手段，甚至成为他们工作的目标。通过自下而上的发展和能力建设，社会组织试图建立一种贫困者自我发展的环境"。②

基于上述优势视角，成为农村贫困治理的主体之一，积极发挥自身的优势，弥补政府和市场的不足成为社会组织的应然角色。但是，正如政府和市场的"失灵"，萨拉蒙指出社会组织也存在"志愿失灵"现象，这主要体现在社会组织资金来源的外部依赖性、社会组织行政

---

① 祝慧、陈正文：《社会组织参与扶贫开发的研究现状及展望——基于2006—2015年研究文献的分析》，《学会》2016年第6期。
② 张高陵：《社会组织在扶贫中的作用》，《社团管理研究》2011年第2期。

化、外部制度环境和内部治理结构不完善等，这决定了社会组织在参与农村贫困治理过程中需要不断从内外调适自身的角色定位和功能期待，选择适宜、适时、适度的路径。

第二节 促进社会组织参与
农村贫困治理的政策建议

目前，由于中国社会力量发展不成熟，社会舆论环境存在偏差，政府对社会组织管理设置了制度性规制等原因，决定了中国社会组织在参与农村贫困治理方面存在行政化、附属化、市场化、简单化等风险。为此，需要从外部制度环境和内部治理结构两方面，强化社会组织的非营利性、非政府性、专业性、公益性和志愿性，实现其自身实然角色和应然角色的匹配。

一、为社会组织赋权

为社会组织"赋权"主要是强调，社会组织在资金来源及合法性来源方面对政府组织及其他社会组织产生依赖，损害了社会组织独立自主性，导致其在参与农村贫困治理过程中产生"依附式参与"和"出场式参与"。

首先，在社会组织参与农村贫困治理的场景中，为贫困主体赋权是社会组织的应有之义。但是，目前由于公民社会发育不成熟，社会组织在资金来源和政策支持方面都对政府产生依赖，根据资源依赖理论，社会组织可能面临牺牲组织自主性换取政府资源的困境。因此，首先需要为社会组织赋权。在社会组织登记、管理制度方面，进一步放宽政策，特别是对扶贫组织的登记注册条件。传统的以业务主管单位和民政部门构成的双重管理体制限制了境外社会组织和草根社会组织获得法律合法性，随着《慈善法》和《境外非政府组织境内活动管理法》的出台，降低了上述两类社会组织获得法律合法性的门槛。例如，《慈善法》第10条规定：设立慈善组织，应当向县级以上人民政府民政部门申请登记，民政部门应当自受理申请之日起三十日内作出决定。符合本法规定条件的，准予登记并向社会公告；不符合本法规定条件的，不予登记并书面说明理由。《境外非政府组织境内活动管理法》中明确鼓励境外社会组织参与中国的扶贫济困事业，"境外非政府组织依照本法可以在经济、教育、科技、文化、卫生、体育、环保等领域和济困、救灾等方面开展有利于公益事业发展的活动"。但是，针对境外社会组织在境内的登记注册依然采用双重管理体制，"境外非政府组织申请登记设立代表机构，应当经业务主管单位同意"。虽然公安部公布了《境外非政府组织在中国境内活动领域和项目目录、业务主管单位名录》，但是，业务主管单位对于是否接受境外社会组织的业务指导请求，依然存在自由裁量的权限，这也在一定程度上限制了境外社会组织在华活动的积极性。因此，需要对有关社会组织登记注册的"许可主义"因事、因时进行调整，对于在华开展扶贫济困等不涉及政治、宗教的境外社会组织的登记注册采用"准则主义"，即只要境外社会组织满足法律设定的基本条件就可以登记注册。

其次，政府提供发展支持。特别是针对一些草根社会组织，政府应通过公益创投或政府购买服务的方式，为扶贫社会组织登记注册提供资金、场所、指导等资源和便利。对扶贫类社会组织进行陪伴式支持，通过政府购买服务，为其成长提供资金支持。对此，《关于创新机制扎实推进农村扶贫开发工作的意见》提出："创新社会参与机制……鼓励引导各类企业、社会组织和个人以多种形式参与扶贫开发。"此外,《创新扶贫开发社会参与机制实施方案》中明确了政府对培育社会组织的职责和义务,《方案》在"社会组织扶贫"规定中明确了推动社会组织积极参与扶贫开发,并指出:加强对社会组织开展扶贫活动的信息服务、业务指导和规范管理,开展政府购买服务试点,鼓励社会组织承接政府扶贫项目,创新扶贫方式,打造优秀扶贫公益品牌。由此,社会组织扶贫具备国家纲要层面的合法性和现实合理性。[①]政府自身除通过政府购买服务等形式直接提供资金支持之外,为强化社会组织的自主性和筹资能力,亦需要鼓励社会组织资金来源的多元化,即鼓励社会组织向市场组织、基金会、自然人等进行筹资,特别是应当发挥政府在舆论宣传、法规制度建构等方面的作用,鼓励市场组织积极履行自身的企业社会责任和践行企业公民精神,为社区发展提供更多的资源支持。同时,在制度设计过程中,嵌入对市场组织参与社会公益事业的政策倾向。例如,积极推进社会企业建设,推动商业与公益的结合。社会企业强调以商业的手段促进社会问题的解决符合两方面的需求:一方面鼓励创新来解决社会问题;另一方面解决社会组织的筹资问题。对社会组织而言,单靠传统的捐赠来从事社会服务的模式受到极大的资金约束局限,因此社会企业的理念容易被社会组织广泛接受。[②]

---

① 蔡科韵:《政府与社会组织合作扶贫的权力模式与推进方式》,《中国行政管理》2014年第9期。
② 苟天来等:《国外社会组织参与扶贫的经验和启示》,《经济社会体制比较》2016年第4期。

二、完善社会组织内部治理

相较于在规模和制度建设方面较为完善的基金会，社会团体和社会服务机构在理事会和监事会治理体制上存在较大的短板，主要表现在实际出资人或控制人"一言堂"，组织内部缺少民主氛围；组织章程形式化，缺少明确的组织宗旨和远景；监事功能弱化，资金使用不规范等。内部治理的不规范最终体现在项目推进混乱和资金违规使用等，严重影响了社会组织的公信力和美誉度。因此，强化民间内部治理的科学化和制度化成为当务之急，也是社会组织能否成为农村贫困治理主要角色的前置条件。

一是规范内部治理。社会组织治理是指社会组织建立完善的治理结构，确定组织使命，并确保组织实现使命的一种机制。[1] 社会组织的内部治理主要包括三个部分：出资人和捐赠者提供社会组织的运营资金，也在相当程度上影响着社会组织的日常运营；理事会是社会组织治理的核心机构；管理层负责非营利组织的日常运营。[2] 政府在推进社会组织内部治理方面难以透过直接的行政性手段，因此需要结合法律、社会舆论等手段。这主要体现在：结合社会组织年度检查和日常管理以及政府购买服务，要求社会组织完善内部治理和信息公开，并将相关信息向社会公开，减少社会组织的信息高地和内部人控制风险。

二是推进社会组织的去行政化。社会组织的行政化主要是由于传统的国家对社会的吸纳造成的全能型政府和附属型社会组织结构造成的，此外，公民社会发育的迟滞以及市场对政府的特殊偏好也影响着

---

① ②　张远凤等：《非营利组织管理：理论、制度与实务》，北京大学出版社 2016 年版。

社会组织的自主性。社会组织去行政化的过程，实际上是一个不断减少行政性、增加自治性的过程，是正确处理与政府关系、与政府合理分工的过程；是减少政府代办代管、提高扶贫效率、增强扶贫透明度、创新扶贫模式、实现扶贫专业化运作的过程。为了让更多的社会组织自觉、自愿参与扶贫，降低扶贫短视化、短期化倾向，形成扶贫领域的良性竞争机制，今后应通过价值理念重塑、发展模式转型、组织形态变革、项目创意拓展、监管立法跟进等一系列创新组合，有序推进社会组织市场化改革，加速去行政化，实现社会组织在当前变革创新关键节点的嬗变。[①]

三、构建社会组织与政府合作治理贫困的体制机制

福利多元主义和福利治理强调治理主体的多元化，无论是国家、市场还是社会，在贫困治理方面都存在"失灵"的风险。因此，需要构建不同治理主体合作的体制和机制，实现优势互补，特别是在"非营利性"和"公益性"等方面存在目标一致的政府和社会组织，其间存在较大的合作可能性。在农村扶贫中，社会组织虽然具有贴近贫困群众，针对性强，扶贫命中率高，资源集聚与资源整合强，创新能力强，能适应快速变化的需求，专业性、灵活性、扶贫方式多样性等优势，但由于社会组织发展中面临着合法性资源缺失、内部管理有待完善、资金不足等困境，要实现中国扶贫体制中社会组织力量的"主流化"依然面临着极大的挑战，需要积极构建社会组织扶贫合作联盟，

---

① 汪大海、刘金发：《慈善组织参与扶贫领域社会管理创新的价值与对策》，《中国民政》2012年第12期。

以获取更多的资源开展扶贫开发活动。①

目前，政府与社会组织扶贫有两种对接模式：间接配合，即社会组织自筹资金独立操作，政府给予其他资源支持的模式；直接承接，即政府提供扶贫资金，社会组织实施扶贫项目的模式。②无论是何种方式，社会组织试图在政府和扶贫对象中搭建沟通的桥梁，"社会组织是'政府、扶贫对象'之间的桥梁，能够快速集聚社会资源，实现资源链接，提升扶贫效能"。③例如，在香港，社会组织和政府之间围绕扶贫问题，构建了良好的沟通和合作的体制和机制，"香港社会组织扶贫最明显的运行特点是形成了'官助民办共监督'的制度模式。在此模式下，政府提供资助、社会组织辅助筹资，社会组织提供主要服务、政府辅助提供服务，政府和社会共同担负监督责任"。④目前，在社会组织和政府的关系中，社会组织依然处于从属和被动的地位，政府对社会组织依然存在一定的戒心。为此，除了资金支持之外，政府更应当从根本上对社会组织进行放权，就贫困治理的对象筛选、工具选择、资金筹措、资金使用、过程控制、效果评估等方面以平等的姿态与社会组织进行沟通和合作，政府回归"掌舵者"的角色，对社会组织的管理更多地是通过监督检查、绩效评估等方式进行监督和管理。

目前，中国政府和社会组织在农村贫困合作社的合作依然处于低水平和小规模，其合作主要在于政府在资金上对社会组织的支持，但是，这种合作关系并不是基于平等关系，特别是在草根组织同政府的

---

① 卢艳霞：《社会组织参与农村扶贫研究》，中南大学 2012 年硕士学位论文。

②③ 蔡科韵：《政府与社会组织合作扶贫的权力模式与推进方式》，《中国行政管理》2014年第 9 期。

④ 赵佳佳、韩广福：《香港社会组织扶贫及其启示》，《理论与改革》2016 年第 2 期。

合作过程中缺少话语权，难以对自身的角色功能和项目计划进行发声，极易沦落为政府贫困治理的附庸。因此，探索和完善社会组织与政府在扶贫领域的制度化、常态化协调、协同和合作机制是非常必要的。同西方国家政府与社会组织间紧密型合作伙伴关系相比，中国大多数社会组织的话语权还有待加强。虽然近期来看政府在扶贫领域的主导地位不会改变，但随着社会组织的自主性和自我管理能力的逐渐增强，扶贫领域的治理架构应会逐步走向合作治理。为此，政府应注意培育良性的合作氛围，推进扶贫领域政府和社会组织两种力量的合流，鼓励双方签署合作协议，规范双方行为、明确双方职责，建立一种互动双赢的常规对话机制和协调机制，构建一种法治化、正式化的合作模式，形成扶贫领域的多元主体参与格局。[1]

四、培育社会支持社会组织和公益慈善的文化氛围

社会组织发育迟缓的一个重要原因在于资金和政策方面对政府组织和市场组织过度依赖，造成自身自主性的缺失，而最终可以归结为社会公益慈善文化的缺失，限制了社会组织资金来源的多元化。一方面是由于社会组织在组织透明度和公信力方面限制了公众对相关信息的获取，导致公众对社会组织信任的缺失；另一方面是由于个人的原子化、社区共同体精神和家庭支持性功能的弱化，限制了公众对公益慈善活动的参与热情和能力。因此，最根本的是解构现有的社会结构和文化，重构社区共同体和家庭精神，促进民众的社区参与和公益活动，响应公益慈善文化，提升公民社会成熟度，"随着中国香港经济的

---

[1]　汪大海、刘金发：《慈善组织参与扶贫领域社会管理创新的价值与对策》,《中国民政》2012年第12期。

发展和人道救援需求的减少，国际救援机构转移至其他发展中国家和地区，也带动了香港本土慈善组织的国际化，同时精英主导的慈善文化因为经济增长而带来的普通大众的广泛参与更具全民性"。[1]

第一，培养贫困治理受益对象对社会组织参与贫困治理的认同感。传统的政府垄断扶贫资源的贫困治理方式，一方面限制了贫困治理效果的提升，更在一定程度上垄断了贫困治理受益群体意识中对治理主体的认同感，导致政府之外的其他治理主体难以获得受益对象的认同，限制了社会组织参与贫困治理的效果和工作方法。就贫困受益群体来说，应该与社会组织从以下几个方面进行互动：首先，要积极了解在农村扶贫中开展活动的社会组织。在此基础上，贫困群众可以积极主动地跟相关社会组织取得联系，寻求帮助。此外，对社会组织扶贫策略和工作方法的了解，有助于积极配合社会组织的工作，节省项目开展的时间与资金成本。其次，要正确看待社会组织的农村扶贫活动。社会组织不论是以直接的资金救济还是项目开发的形式开发扶贫，都需要发挥受众的主动性，主动利用好社会组织资源，提升自身寻求发展的能力，为脱贫奠定基础。[2]

第二，培养社会公民的公益慈善文化意识和与社会组织的互动路径。贫困问题的治理，除治理主体和受益群体之外，培养社会公众对公益慈善文化的认识和贫困治理的责任感更为重要。就受益群体之外的广大公众而言，可以从以下几个方面对社会组织的农村扶贫工作给予协助：一是慈善意识的培养。社会大众可以积极关注相关社会组织的发展，了解其功能，积极参与自己感兴趣的慈善事业领域。二是公民角

① 赵佳佳、韩广福：《香港社会组织扶贫及其启示》，《理论与改革》2016 年第 2 期。
② 卢艳霞：《社会组织参与农村扶贫研究》，中南大学 2012 年硕士学位论文。

色的定位。在中国传统的文化中"臣民"观念兴盛,"公民"角色缺位。对于政府和社会组织的活动抱着"被动遵从""事不关己,高高挂起"的态度,缺乏积极主动的参与。因此,公民角色的定位要求广大公众重视自己在和谐社会建设中的作用,积极加入社会公共事务的治理中来,与政府和社会组织在相关领域实现互动,如提供资金支持、政策或活动建议等。三是要积极参与社会监督。对社会组织农村扶贫来说,广大公众要积极关注社会组织在项目开展、资金运用方面的情况,督促社会组织对相关财务信息等进行公开;对挤占、挪用慈善资金的个人或团体从社会道德的角度加以严厉的谴责,形成社会压力。[1] 在这方面,政府可以利用国家机器,对社会公众进行公益慈善文化的引导;社会组织,特别是倡导型的基金会等可以发挥自身在公益理念倡导方面的优势,普及公益慈善理念和文化。例如,重庆广德公益慈善文化基金会致力于通过搭建平台,整合传统媒体与新媒体资源,凝聚爱心人士、爱心企业等社会各界力量,通过对话与交流,增进社会各界对公益慈善的了解和认同;通过思想分享,文化活动,弘扬先进公益慈善文化;通过共商共议、优势互补,推进公益慈善事业持续健康发展。中国扶贫基金会在援助类项目之外,同时将公益慈善倡导作为组织的核心业务之一,其中组织了"善行者""善行100""公益未来""捐一元 献爱心 送营养""你'沃'一起,为爱加餐""饥饿24小时公益体验活动""人人公益项目""加油一起成长公益行动"等倡导类项目,对不同年龄的人群进行公益慈善理念和文化的普及和教育。

---

[1] 卢艳霞:《社会组织参与农村扶贫研究》,中南大学2012年硕士学位论文。

五、构建农村贫困治理公益慈善闭环系统

系统论把所研究和处理的对象当作一个系统，分析系统的结构和功能，研究系统、要素、环境三者的相互关系和变动的规律性，认为世界上任何事物都可以看成一个系统，系统是普遍存在的。系统论的核心思想是系统的整体观念，强调任何系统都是一个有机的整体，它不是各个部分的机械组合或简单相加，系统的整体功能是各要素在孤立状态下所没有的性质，系统中各要素不是孤立地存在着，每个要素在系统中都处于一定的位置上，起着特定的作用。农村贫困形成原因不仅包括历史的原因，也有现实的原因，除了经济因素之外，政治、文化等因素也在发挥着作用，这决定了农村贫困治理是一个系统性工程。

为应对这一系统工程，需要运用系统论观点，并在此基础上构建公益生态链，以系统的方法解决农村贫困问题。社会组织公益生态链可界定为：在公益服务输送各个环节中，包括社会组织在内的所有福利主体之间相互作用，以此为基础实现各种资源要素在各互动主体之间流动，并围绕任务目标整合资源要素，进而为案主提供良好的服务，在此过程中所形成的主体间互动作用及网络结构就是公益生态链。组织和个体是生态链这一网络结构的基本构成，包括各种类型的社会组织、各种政治和行政机构、企业、社区、社会工作者、志愿者、服务对象、媒体和公众，在生态链中这些主体间互动方式、强度和频次会不同，所发生的资源流动也不同，所结成的伙伴关系也不同。在具体的生态链分析中要将不同主体及其互动方式和伙伴关系嵌入网络结构中，以便做出系统化分析，比如哪些互动关系是关键的，哪些互动关

系位于中间位置，哪些互动关系是目前生态链的薄弱环节，哪些环节会存在潜在危机。[①]

第一，构建公益生态链治理主体的多元化。社会组织参与农村贫困治理，不仅需要发挥自身的专业性和公益性特长，同时需要避免落入政府单向度治理的窠臼，以系统论的理念构建社会组织公益生态链。社会组织职能作用的发挥，必须要获得外部主体的资源支持。这就决定了社会组织必须通过与各类外部主体协商交涉获得其支持。事实上，与社会组织打交道的各类外部主体有责任向社会组织提供资源支持，因为社会组织代表公众为社会提供服务。对社会组织而言，与之互动作用的外部主体主要包括政府、企业、媒体、基金会、其他社会组织、公众和服务对象。社会组织能否与外部各类主体建立良好的网络支持关系，决定了社会组织能否获得良好发展。实质上，社会组织是在与外部多元主体良性互动中实现发展目标的。[②]

第二，明确社会组织在贫困治理公益生态链中的角色定位。社会组织作为贫困治理系统中不可或缺的重要组成部门，在同系统中其他治理主体的互动过程中，既需要积极互动，获得资源支持和身份合法性，同时也需要保持自身的独立性，"社会组织的自主性嵌入于社会组织与外部主体的伙伴关系中，自主性不仅与内在能动有关，还与外部主体对社会组织的行动取向有关。政府在提供资源支持时，要避免变'辅助'为'干预'甚至'控制'，凌驾于社会组织之上。即，政府行政应根据合作理念与社会组织辅助互助，完成各自职责，而非肆意干预和控制。对社会组织而言，应当警惕来自政府的不合理干预。在中

[①] [②] 陈祝平：《社会组织的公益生态链及其互动关系研究》，南京大学 2015 年博士学位论文。

国公私交涉合作中，社会组织面对政府较为强势的地位，要通过谈判和说服确保主体权益不受侵蚀，要通过组织能力和绩效成果赢得政府的重视和尊重。与此同时，社会组织要注重组织的战略规划和多元经营策略，不能对政府机构过度依赖而丧失自主地位"。[1]

---

[1] 陈祝平：《社会组织的公益生态链及其互动关系研究》，南京大学 2015 年博士学位论文。

附　录

社会组织参与农村
贫困治理的实践案例

案例一　中国扶贫基金会参与
农村贫困治理的案例
——公益同行项目

一、项目背景

社区是社会的基本组织，社会学领域里对社区所下的定义虽然林林总总，但对其构成要素上的认识还是基本一致的，即社区是聚集在一定地理区域内的人们所组成的价值、文化、生活共同体。随着工业化、城镇化进程的推进，农村社区发展面临着发展动力不足、公共服务基础薄弱、治理能力较弱、环境污染严重等问题。

中国扶贫基金会成立于 1989 年，是以扶贫济困为宗旨的公益机构，是中国扶贫领域最大的公益组织。围绕其使命宗旨，中国扶贫基金会发起了"公益同行"项目，基于四川汶川地震、青海玉树地震灾后支持 NGO 参与灾后重建的经验而设计的 NGO 合作发展项目，探索从灾后社区陪伴、社区重建向常态化农村社区发展模式的 NGO 合作模式。携手行业专家、企业、NGO 伙伴，探索共同合作模式，通过项目创新等系列手段，激发、凝聚社区创造力和行动力，旨在为推动社会、乡村社区共同发展，产生积极、可持续的改变而努力。

二、项目思路

中国扶贫基金会发起的公益同行项目，其宗旨是：致力于激发、凝聚社区创造力和行动力，推动社区产生积极的、可持续的改变。项目具体目标有四个方面：一是重建和提升社区可持续生计系统，完善社区公共服务系统，促进环境改善和生态发展，推动社区产生积极的、可持续的改变；二是建立"社区为本"的社区减灾、防灾管理模式，提升社区的防灾减灾以及灾害应对能力；三是支持本地 NGO 和社区人才的能力提升，扎根社区，开展专业性、持续性的工作，协助改善社区生活；四是推动政府、NGO 和企业资源有效衔接的灾后重建模式，并推动在其他地区应用。

依据上述宗旨和目标，公益同行项目确定了以下四个方面的主要资助方向：

——对社区项目的支持：为长期在乡村从事农村生计发展、社区服务的 NGO 提供社区发展项目全程支持，推动解决农村问题社会创新模式的探索。

——对社区成长的陪伴：通过建立乡村社会创新中心，提供社区项目助力计划，推动 NGO 能力发展以及项目模式创新。

——对社区人才的培养：通过所扶持的乡村社会创新中心，扶持、培养社区所在地的农村社区工作人才，并通过项目参与为其提供实践的机会。

——对社区减防灾能力的建设：组织社区灾害能力建设培训，开展社区及学校的减灾、防灾项目。

三、具体案例

（一）公益同行·NGO 合作社区陪伴计划（鲁甸）

2014 年 8 月 3 日，云南省昭通市鲁甸县发生 6.5 级地震，鲁甸地震对人们的社区生活、经济发展造成重大破坏，也严重地损害了人们的心理健康。中国扶贫基金会积极支持 NGO 参与灾后紧急救援、临时安置及灾后社区重建工作，除组成人道主义联合救援队之外，还携手鲁甸地震 NGO 救灾联合协作大本营紧急启动"人人公益·云南鲁甸地震 NGO 合作救援计划"，为参与一线灾后紧急救援的 NGO 开通公众筹款渠道，筹募紧急救援阶段资金。

在中国扶贫基金会的协调和倡议下，腾讯公益基金会捐赠 100 万元，支持 15 个公益伙伴实施了 15 个项目，具体内容如表 1 所示。

表 1　公益同行·NGO 合作社区陪伴计划（鲁甸）项目

项目名称	执行机构
龙头山镇安置社区联合陪伴计划项目	湖南省长沙市岳麓区大爱无疆公益文化促进会
8·03 鲁甸地震社区心灵重建——村民远眺计划项目	北川羌魂社会工作服务中心
童心抚慰·鲁甸加油——震后儿童心理陪伴与成长项目	为乐志愿服务与研究中心
"妈妈之家"项目	四川省绵阳市一元爱心协会
"鲁甸县地震灾区火德红镇守望相助社区陪伴计划"项目	云南振滇社会组织发展研究院
"8·03 云南鲁甸灾区伤残人员免费康复培训"项目	天津市鹤童老年公益基金会
"鹰爱童行关爱行动"项目	广东省雏鹰助学促进会

项目名称	执行机构
"鲁甸龙头山镇骡马口社区受灾儿童心理援助工作站"项目	云南省社会心理学会
"视野——用荧幕看世界"项目	盘县社会义工联合会
"活力蓝帐篷·安置区公共环境守护陪伴"项目	成都根与芽环境文化交流中心
"我是您的手足——鲁甸灾区小寨村残疾人（五保老人）灾后陪伴支持"项目	秦巴乡村发展研究中心
"活力蓝帐篷·鲁甸少数民族儿童传统文化教育服务"项目	成都市和川公益发展中心
"携手同行，共同发展"公益互助发展项目	鲁甸县火德红镇圆农志愿者协会
"3200"鲁甸地震灾区翠屏村弱势群体社区陪护计划项目	凉山汉达社工服务中心
"从'影像能量'入手、面向受灾社区和志愿者共同体的艺术心理和信息能力援建"项目	绿地里协作网络

项目实施过程中，在中国扶贫基金会的大力支持和监督检查下，各个机构依据各自专长和特点，通过"外部力量＋本地资源"相互结合，以物资支持及资金援助、活动开展、心理干预、影像治疗等方式，为遭受地震伤害的灾区人民带去了温暖。

（二）公益同行·NGO合作社区重建计划2014（芦山）

2013年，芦山地震发生之后，加多宝集团及英特尔（中国）在3年时间里共同投入2000万元，启动"公益同行·NGO合作社区重建计划"，进一步将NGO参与灾后重建招投标资助项目向农村扶贫NGO合作发展项目进行方向上转化，开展实质性的推进。中国扶贫基金会充分发挥自身在农村社区扶贫经验，与NGO合作扩大实践范围，从灾后走向常态，采用开放式的战略，建立更高的标准，采取参与式扶贫的方式，探索出一条从灾后重建恢复到与农村社区发展的 NGO 合作发展模式的资助之道，践行了中国农村社会治理创新中的社会组织参与机制。

项目从社区项目支持、社区成长陪伴、社区人才培养三个层面系统性地支持芦山地震灾区社会组织，致力于激发、凝聚社区的活力、创造力和行动力，并秉承"改变自我、改变乡村、改变中国"的合作发展理念。该计划自 2013 年 8 月份发布，经过项目申请、项目评审、实地调研、沟通调整等一系列工作，于 2014 年 1 月正式启动。2014 年选择了芦山灾区 19 个项目进行支持，设立了社区发展创新中心，驻点人员到位。同时也确定了"公益同行·助力工坊""公益同行·分享沙龙""公益同行·监测评估"及"公益同行·政策研究"等助力成长服务方案（详见表2）。

表2　公益同行·NGO合作社区重建计划（芦山）项目

项目名称	执行机构
新华乡柏树村竹林产业生计帮扶项目	成都大地社区家庭帮扶中心
芳草计划（一）——仁义乡溪口村草食家畜养殖生计支持项目	秦巴乡村发展研究中心
"美丽中国乡村梦，健康蜂蜜彝家情"项目	成都康华社区发展中心
芦山地震灾区三友村社区综合发展	深圳市慈卫公益事业发展中心
芦山县太平镇大河村养殖项目	河北进德公益基金会
城乡家庭合作农场	成都高新区野草生态社区发展中心
大河村社区发展与灾害管理能力建设项目	泉心可持续发展中心
益雅社区农合培育与生计发展项目	成都高新区益众社区发展中心
四川省雅安市品质助学生态社区服务项目	北川羌魂社会工作服务中心

项目名称	执行机构
美丽乡村互助养老发展项目	成都高新区益多公益服务中心
美丽乡村·芦山青龙场口村发掘民俗文化促重建生态旅游村落项目	成都市锦江区大爱武术文化传播中心
芦山"仁加心发展"美丽乡村项目	成都心家园社会工作服务中心
宝贝心立方	成都市一天公益社会工作服务中心
社区初级养老护理员免费培训班	天津市鹤童老人护理职业培训学校
天全县城厢镇三小驻校社工项目	成都心益心社会工作服务中心
美丽乡村 和谐太平	东莞市爱心蚂蚁公益服务中心
"公益同行"助力工坊	四川尚明公益发展研究中心
"美丽乡村·公益同行"社区发展项目监测评估	四川大学中国西部反贫困研究中心
中国农村社会治理创新中的社会组织参与机制：基于公益同行项目的示范性实证研究	北京师范大学社会发展与公共政策学院

截至 2014 年 12 月 20 日，公益同行共支持项目资金 625 万元，支出 496.4 万余元。项目执行一年的时间，强调社区动员，发挥本地社区居民主动性。生计发展类项目通过建立合作社或者村民小组发展生计，效益初见；社区服务类项目形式多样，内容丰富，融洽了居民关系，增强了社区凝聚力。

（三）公益同行·NGO 合作社区发展计划 2015

2015 年，中国扶贫基金会公益同行项目组在成功执行 NGO 合作社区重建计划 2014（芦山）项目的基础上，对申请 2015 年项目的 13 家机构进行实地复核，确认支持 12 家机构继续在芦山地震灾区开展生计发展及社区服务项目。具体分为了三个大的类别 ①。

1. 生计发展类项目

（1）成都康华社区发展中心

自 2015 年 3 月份开始，在 2014 年养蜂的基础上，为公益同行一期项目点柑子口村补充采买了蜂箱，现已发展到 150 箱。同时，选择附近的甲挖村进行传统养蜂的试点，收购当地老式圆筒蜂种进行改箱，蜂群已从 30 箱发展至 48 箱。在养殖技术培训方面，继续要求当地中蜂乡土养殖专家为受益农户提供中蜂养殖技术培训，并在全乡范围内选择合适的养蜂带头人，积极准备筹建养蜂合作社的相关工作。7 月份将进入摇蜜收获期，康华于 5 月份开始准备相关的销售工作，5 月份在当地社区开展一次电商培训，6 月份完成蜂蜜产品包装的优化并在微信上进行蜂蜜产品的宣传。截至 2015 年底项目结束，康华共取得蜂蜜 1387 斤，销售 350 余斤，收入 2.6 万元。

（2）河北进德公益基金会

从 2015 年 5 月份开始，一期项目引进的羊只开始生产小羊，仅一个月便新培育小羊羔 16 只。合作社经过讨论，决定了当年新加入合作社的 10 户农户名单。二期项目新建的羊圈已完成选址，完成了土地租赁及测量，并购买了木材，7 月份农闲便完成了修建。2015 年为羊只新换了牧草，并于 5 月份进行种植牧草学习。6 月份当地合作社参加益众农合培育的招标，并成功中标了人才培育和社区服务两个项目。

（3）秦巴乡村发展研究中心

截至 2015 年 6 月底，已确认 2015 年新增的 5 个黄羊养殖项目农

---

① "公益同行·NGO合作社区发展计划项目进展报告"，http://www.fupin.org.cn/upload/20150825/57341440475841877.pdf。

户，农户的圈舍修建基本完成，因南江大雨，中心于 7 月份引入黄羊。长毛兔及黄羊的养殖示范户及养殖小区也已明确。技术培训方面，共开展 5 次技术培训，12 次集中活动。合作社有 32 名成员，合作社的种兔场主体硬件建设已基本完成，7 月份引入种兔。截至 2015 年底项目结束时，已经初具规模，种兔场存栏种兔 107 只，项目户已开始持续销售兔毛，社区也已经开始收益。

（4）成都高新区野草生态社区发展中心

因公益同行一期项目结项较晚，二期项目于 2015 年 5 月份开始执行。一直到 7 月，中心主要收集自然农耕实践者的相关信息，建立资源库，为自然生活者践学交流会做准备。与纪红村确立了订单草案及种植的方案，召开一场城乡供需交流合作会议，开始接收城市订单。

（5）成都高新区益众社区发展中心

2015 年 3—5 月份，益众进行合作社培育的前期调研，共进行 10 余次走访调研，了解合作社的现状及需求。并于 5 月份进行合作社招标的评估标准制定，形成合作社招募标准评估意见 1 份。6 月份启动培育合作社招标，共收到 27 份合作社的申请，最终签约 16 家，其中社区服务 6 家，人才培养 8 家，金融互助 2 家，将继续寻找合适的金融互助合作社。针对合作社进行了两次能力建设培养，一次是针对社区服务活动策划培训，另一次是合作社记录与传播培训。

2. 社区服务类项目

（1）成都市锦江区大爱武术文化传播中心

大爱武术二期项目前期主要在青龙场村为当地农户进行一个月的作坊佛珠制作培训。按照项目计划，招募 20 名学员，其中 8 名残疾人，占比 40%，项目每个月对学员进行走访并建立学员档案督促完成机械理论知识、安全生产操作、进阶根雕操作、美学选材的课程培训，重点培训佛珠的定型与初步的抛光。为了项目长期的延续性，成立互助小组，选择了两名组长，均为残疾人。对组长的培养主要以能力建设及明确分工为主，未来也会为小组制订一个培育计划书。据了解，2015 年底项目结束时，互助小组生产金丝楠木手串 60 余串，组员单人销售额最高突破 1000 元，取得了较好的经济效益。

（2）成都心家园社会工作服务中心

心家园的项目主要在大同村和仁加村开展，以乡村社区工作者（以下简称"乡工"）能力培育为核心，在日常的活动中提升乡工的能力。大同村主要以社区服务为主，共组织社区活动 2 次，成功建立了大同村舞蹈队。乡工培育方面，共招募到 9 名乡工，乡工每天在活动室值班，为乡工提供 5 次督导会议，参与乡工达 60 余人次。在大同村完成特殊群体服务需求评估，并于 2015 年 6 月份开始社区走访慰问。仁加村的生计项目于 2015 年 5 月份正式启动，项目及财务管理由当地生计互助小组操作，与 7 户养殖户签订养殖协议，引进 71 只羊和 2 头牛。举办了端午节包粽子的社区活动，确定了社区特殊群体服务对象名单，实施夏令营活动。

（3）成都市一天公益社会工作服务中心

宝贝心立方的二期项目继续以一天托管和社工心理辅导、一天做件事与社区大型活动为核心开展服务，并加强了对本地机构的培育。2015 年 1—6 月份，共开展 8 次大活动，包括元旦、春节、元宵节、六一等大型社区活动，一天托管开放时间为下午 3:30—17:30，整个站点每天平均参与 30 人次。社工心理辅导方面 6 个月共跟进了 19 位个案，开展了 12 次小组活动，对 13 户贫困家庭进行了走访。1—6 月份一天做一件事"小红帽"也积极参与，在打扫公共卫生及为社区大型活动提供志愿支持方面做出了很好的贡献。本土人才培育也在有序进行中，对本土机构的工作人员开展了多次项目及财务管理培训。

（4）成都心益心社会工作服务中心

心益心驻校社工二期项目继续提供常规的驻校社工服务，包括常规的活动室的开放，阅读、绘画小组活动，小义工的培训及活动，心理沙盘游戏治疗，正向成长课程，住校生寝室文化建设等，并在图书借阅、绘画小组、运动小组、小义工培育方面有所深入。具体为儿童建立个人借阅档案，方便掌握儿童的借阅习惯；成立绘画日志小组，引导学生通过绘画表达自己的情感。运动小组以校队的名义建立，有队旗、分组队服，期望由学校认可，成为学校的一个学生社团。除了常规的驻校服务外，心益心也在探索住宿制学校学生融入及管理，2015年4月份启动寝室文化大赛，5月份启动睡前故事系统，并走访了其他两个住宿制的学校，进一步了解孩子们的需求。

（5）成都高新区益多公益服务中心

益多二期主要在横溪村和大阪村招募并培育当地的护理员，支持横溪村及大阪村的老协开展生计项目。2015年上半年，两个村的老协生计项目均已完成签约，大阪村老协生计项目已开始正式运营。为两村所有老人建档的工作也已完成，并开展居家养老服务；两村招聘的5位护理员4次初、中级护理培训已全部完成。为规范当地护理员的护理服务，完善了监测评估护理员服务的管理工具。

3. 支持服务类项目

四川大学中国西部反贫困研究中心自2015年4月份项目正式启动，每个月前往项目点进行实地走访监测。两个月共走访了17家机构的项目点，并参与了两个行动学习网络的筹建会。四川大学监测团队召开了案例研究工作坊，陆续开展了对成都益多公益服务中心"乡村居家养老服务可持续发展项目"，以及成都益众社区发展中心"合作社为主导的社区综合发展项目"的案例研究调研工作。

四、思考与启示

作为一类新型项目，中国扶贫基金会支持的公益同行项目实施几年来，经过不断探索取得了一定成效，而且项目的可持续性也在增强，呈现出较为广阔的发展前景。公益同行项目对于社会组织参与农村贫困治理具有一定的借鉴意义。

1. 公益组织由直接参与向间接参与转变。作为中国扶贫领域首屈一指的公益组织，其他组织与中国扶贫基金会的制度优势、组织优势以及其行业经验和社会资源无法比拟。各类小型的 NGO 无疑属于"草根"。但无论是"高富帅"抑或"草根"，在参与农村贫困治理领域各有其所长。一些专业型的 NGO 在其领域的工作同样是大型公益性组织所难以替代的。而且"草根"更具有接地气的优势，其在贫困治理方面的贴近基层、深入社区的特点，更为大型公益扶贫组织参与农村贫困治理所需。在公益同行项目模式下，中国扶贫基金会变直接参与农村贫困治理为通过 NGO 间接参与，这既解决了大型公益组织参与农村贫困治理中的信息不对称、交易成本高等问题，又有助于解决 NGO 参与农村贫困治理中关键的资金扶持、资源筹集等方面的问题，实现了"1+1 > 2"的供应目标，实现了调动各方资源共同参与农村贫困治理的目标。

2. 参与方式由临时救济向常态化、可持续发展转变。公益同行项目的实施区域，诸如云南鲁甸、四川芦山等地，一方面本身就属于欠发达地区，减贫任务艰巨，另一方面又受到自然灾害的突然冲击，使居民生活雪上加霜。而公益同行项目的制度设计中，既关注短期内的灾害救助，更加关注与长期可持续发展相关的减贫项目。比如，2015年在四川芦山地震灾区开展的项目中，包含了生计发展类项目 6 个，社区服务类项目 6 个，此外还有 1 个支持服务类项目。这些项目涉及农村产业发展、农民增加收入、农村社会事业等方方面面，初步构筑起了农村贫困治理的体系框架，与以往那些关注临时性生活救济的项目相比，更加侧重于农村贫困地区的可持续发展。

3. 着力领域由经济减贫向农村贫困综合治理转变。以往的减贫项目重点关注的是从经济层面减少贫困，而公益同行项目既关注经济层面的减少贫困，更将项目视角投向更加广阔的诸如心理干预、农村养老、美丽乡村等领域，切实做到了农村贫困的综合治理。例如，云南鲁甸 NGO 合作社区陪伴计划的 15 个项目中，就包括了社区心灵重建、儿童心理陪伴与成长项目、公共环境守护陪伴、弱势群体社区陪护等侧重于心理救助方面的项目。这些项目的实施，虽然对于当下的减贫较少产生直接成效，但从长远来看，对于治愈农村地区的灾害创伤，进而增强长期可持续发展能力影响深远。

案例二　宣明会参与农村贫困 治理的案例

一、案例背景

在华的国际社会组织是指在大陆地区开展各种非营利性社会公益活动，而其主要的资金、人员和组织来自中国大陆以外的国家或地区（含香港、澳门、台湾地区），因而是具有跨国特征或国际特征的非政府组织。[1]宣明会就是一个在华的国际社会组织，成立于1950年，致力于帮助世界各地贫困群体及有需要的人，尤其关注儿童的成长。1982年，宣明会下辖中国事工部参与中国青海水灾的救援工作，在各级政府的支持下，逐渐扎根中国。1993年，宣明会的中国事工部正式改为中国办事处，继续在内地开展各项扶贫及社区发展工作。

宣明会自1950年成立至今，一直积极回应各地贫困群体的需要，协助贫困群体摆脱贫困，促进贫困群体的自力更生及持续发展。宣明会的经费源自世界各地办事处的支持，其中70%是从中国香港民间筹得的善款。宣明会通过与各级政府、非政府机构、学术单位及项目点民众等行动主体共同努力，构建"合作伙伴"式的工作模式，以期实

---

① 韩俊魁等：《境外在华NGO：与开放的中国同行》，社会科学文献出版社2011年版。

现脱贫及可持续发展的战略目标。宣明会秉持教育是协助脱贫有效方式的理念，认为儿童是社区中最脆弱且最容易受伤害的人群，它所实施的主要项目是"儿童为本的社区发展项目"，该项目结合了儿童资助计划及社区综合发展模式，通过一系列相互关联的社区发展项目活动，为社区儿童提供教育、营养及医疗等各方面的帮助，并通过农林环保、医疗卫生、性别关注、水利系统及小型基建、小额贷款等配套的项目活动，推动受助儿童所属社区得以全面发展。① 此外，宣明会亦积极鼓励社区参与，建立社区群众的尊严，增加他们的选择机会，创造一种自我不断更新发展的动力，凭借各项能力建设的项目，确保社区可以在项目结束之后，有能力维持社区的持续发展。

2003 年，宣明会在云南省丽江市慈善会和丽江市计划生育委员会的介绍及协调下开始到玉龙县进行项目考察，了解到玉龙县大部分山区的少数民族群体因受地理环境、社会经济等因素制约，妇女、儿童等弱势群体的福祉及发展机会还未得到充分的关注，为此，宣明会开始与地方政府一起在玉龙县实施贫困治理项目。2004 年 11 月，宣明会在玉龙县成立办公室，并于 2005 年 12 月与玉龙县人民政府签署了为期 10 至 15 年的项目协议书。自此，宣明会开始系统地在玉龙县实施县域持续发展项目。② 2004 年以来，宣明会在自身工作理念和工作原则的指引之下，围绕玉龙县贫困山区的实际，从贫困群体的整体发展出发，积极推动了各项贫困治理活动的开展，取得了显著成效。

---

① 资料来源：宣明会官方网站，http://www.worldvision.org.cn/index.php?lang=big5。

② 资料来源：丽江市玉龙县人民政府与宣明会合作协议书，2005 年。

二、宣明会在云南省玉龙县的贫困治理实践

在农村贫困治理过程之中，社会组织有着自身独特的行动目的和行动方式，我们可以通过对社会组织参与贫困治理现实案例的考察分析，总结出具有中国特色的社会组织行动模式。宣明会在玉龙县项目办的统筹下，通过开展医疗卫生、教育、经济发展和生态保护四个子项目来推动玉龙县贫困山区的发展，取得了显著的贫困治理效果。

（一）玉龙县独特的贫困治理条件

贫困区域独特的生态与文化结构，各基层贫困社区相异的社会发展环境，为宣明会提供了救助空间与发挥功能的机遇。玉龙县地处中国西南，资源禀赋与东部地区差异较大，经济发展落后，但拥有多样的自然与人文环境，这成为宣明会介入的主要动因。玉龙县为滇西边境片区，是全国505个享受国家连片特困地区特定扶贫开发政策的县之一，该片区的贫困主要表现为教育和人力资源开发等基本公共服务方面的供应不足。教育设施落后、师资力量明显不足、医疗卫生条件差、专业技术人员严重缺乏、社会保障程度低成为其贫困的主要表现。[1]

玉龙县地处滇西北横断山区与青藏高原的衔接地带，是以纳西族、白族、藏族、汉族、彝族、傈僳族、普米族等少数民族为主的贫困县，少数民族占全县人口的95%，而且大部分少数民族居住在山区、半山区，贫困面较大，绝对贫困人口主要分布在自然条件恶劣、交通不便的边远山区和少数民族地区，扶贫难度大。[2]已解决温饱问题的贫困人口抵御自然灾害的能力薄弱，返贫率居高不下。贫困面大、贫困程度

---

[1]　共济：《全国连片特困地区区域发展与扶贫攻坚规划研究》，人民出版社2013年版。

[2]　数据来源：玉龙县官方网站，http://www.yulong.gov.cn/。

深、扶贫工作难度大是玉龙县贫困治理工作的主要特点。社会组织作为重要的贫困治理主体，可以协助玉龙县政府更好地实现贫困治理目标，推动贫困社区的经济发展和社会进步。

（二）搭建合作组织架构，确立协同互动关系

宣明会非常注重与其他救助主体之间搭建协同互动的信任关系，充分利用自身的救助特色，丰富救助内容与救助方式，提升农村贫困治理的效率。在玉龙县政府发展经济，提升人民生活水平主观需求的基础上，宣明会积极与当地政府合作，发挥自身优势，嵌入地方政府的发展规划之中，以实现自身组织目标。宣明会刚开始进入玉龙县时，主要是依托双方负责人的个人关系，在开展了几个小项目之后，双方开始探讨深入合作的可能，并签订了《丽江市玉龙县人民政府与宣明会合作协议书》，建立了宣明会玉龙项目领导小组和项目办公室，从政治层面、法律层面和实践层面明确了双方的责任、义务，拓展了宣明会的贫困治理空间。

在外援项目办公室协调之下，宣明会可以通过这个机构与基层服务的乡镇政府进行良好的沟通，顺利进入贫困乡村开展贫困治理项目，大大提高了社会组织的可信任度。宣明会与玉龙县政府的合作属于一种平行合作方式，在明确合作需求，搭建合作架构之后，二者开始就贫困治理项目的人员及资金问题进行协商分配，对双方的贫困治理资源进行整合。宣明会投入的资源占多数，政府主要是起到协调补充的作用。宣明会与政府通过资源的整合，在生存与自主之间不断寻求平衡，共同为贫困群体服务。

（三）开展前期需求调查，丰富贫困治理内容

基于对农村贫困治理复杂性的充分认识，在参与农村贫困治理

前期，宣明会非常注重进行详细的社区需求调查，通过走访入户、问卷调查与村组访谈等方式，了解贫困社区已有的治理资源，收集贫困村民的发展需求。在充分了解社区发展需求信息的前提之下，通过村民会议集体讨论表决的方式，确定最终的社区发展项目。宣明会以需求为导向搭建沟通机制，设置贫困治理活动，在一定程度上降低了贫困治理的复杂性。这种自下而上的工作方式，能够更好地维持和拓展社会组织与贫困村民的良性互动关系，推动贫困治理效能的提升。宣明会在参与贫困治理过程之中，注重提供专业性的公共服务，在贫困社区之中构建一种长期性的沟通合作关系，并通过资源注入、主动示范与技能指导等方式，为贫困村民提供更加灵活和专业的社区服务。2013 年，宣明会主要从社区卫生、社区教育、经济发展与环境保护四个方面开展实施了丰富的贫困治理项目。

在社区卫生层面，宣明会深入开展了人畜饮水项目、儿童伤害预防知识教育活动、卫生室建设及卫生设施配备活动，改善了社区卫生条件。在社区教育层面，宣明会对社区学校基础设施进行了修缮，对教学区内食堂、排污管道、路灯、厕所进行了改造，改善了校园学习环境。同时注重教师培训，与玉龙县教育局合作，组织老师出外考察学习，与一些知名学校开展交流合作。开展了以食品安全和阅读为主题的儿童活动，丰富了项目学校儿童的课余生活。在经济发展项目方面，宣明会注重技术培训及经济作物引进活动，2013 年宣明会与玉龙县农业局、乡镇政府及村民共同开展种植技术培训活动。为社区引进魔芋、葛根、苹果和梨 4 种经济作物进行种植，促进社区传统经济产业结构调整，拓宽了社区村民的收入渠道。组织社区居民代表，农业局技术人员，乡镇政府工作人员等合作伙伴开展经济作物种植管理技术及农产品加工销售等 4 次考察学习活动，并为玉龙县 36 个经济合作社提供了经营管理知识培训活动。在环保项目方面，宣明会为鸣音镇洪门村委会援助 73 口节柴设施设备，为巨甸镇、鲁甸乡援助建设 124 套太阳能热水器，为奉科镇援建 60 套太阳能热水器，为巨甸镇援建 12 口三结合沼气池，帮助村民减少对林木的砍伐，保持了项目社区的水土，促进了对项目社区生态环境的保护。①

（四）运用专业救助方式，实现内源参与式发展

在参与农村贫困治理的项目实施阶段，宣明会通过以下几种方式开展专业化的公共服务。一是对贫困村民进行政策引导与理念更新。公共政策创新是贫困农村经济社会发展的制度基础，也是贫困农村公共服务的重要内容。宣明会利用自己第三方的专业优势，协助政府部门开展政策性的宣传和引导，提升政策引导效能，促进政府与贫困村民在贫困治理过程之中的沟通协调。通过贫困治理项目的实施，也使贫困村民学会了一些先进的发展理念，促进贫困村民走出一条适合本社区特色的发展道路。

二是开展具体的资源动员与协调工作。宣明会在扶贫资源的供给与传递过程之中，通过各种活动聚合贫困社区中单一个体的力量，以集体协作的方式，使分散的贫困村民有效组织起来，促进贫困资源在社区内的有效整合，避免贫困治理资源的浪费，提升贫困村民的自我发展能力。

三是注重运用参与式的救助方式和培育自组织的内源式发展方式来推动农村贫困治理事业的发展。宣明会注重引导贫困村民根据自身

---

① 资料来源：宣明会玉龙县项目办公室 2013 年度工作总结。

需求，评估自身的治理资源，谋求解决自身贫困问题的方法，创造属于自己的生活世界。通过外部力量在观念和资金技术上的支持和帮助，促使贫困村民提高自身减贫发展的能力，提升农村贫困治理的针对性和时效性。在这种模式下，贫困村民既是公共服务的供给者，也是公共服务的消费者。由于贫困村民了解自己的服务需求，他们可以挖掘贫困社区已有的资源，在彼此的沟通协商之中，确立社区经济发展方式，这种服务更有弹性、更有效率，同时也能够增强贫困村民的社区认同感和责任感。

从 2004 年开始，宣明会在玉龙县开展了"儿童为本区域发展项目"，这一项目从项目设计阶段到评估阶段都秉持了社区为本的参与式发展理念。项目在设计阶段就进行了大量的参与式调查，认真分析了教育、卫生、经济和生态环保等项目的实施区域，制定了合适的项目目标，保证了项目设计能够有效反映目标群体的需求。进入项目实施阶段以后，首先会成立以贫困村民为行动主体的管理小组，负责项目的具体实施和操作，并根据社区的迫切需求优先安排项目活动。对比项目设计和已经实施的活动，可以发现由村民管理小组设计的项目能够瞄准贫困群众的真实需求。同时，项目活动多样，体现了项目计划与实施对社区需求能够有效响应。

（五）注重救助过程评估，保证贫困治理的延续性

宣明会的评估系统较为完善，注重用科学的评估方式，邀请不同的评估主体，总结项目开展过程中的成效和不足，并对未来贫困治理项目的实施提供经验借鉴和方向指引。通过不同时期，不同行动主体的评估，可以保证贫困治理的专业性，促进贫困治理项目的可持续发展。通过专业评估方式的应用，可以使我们更加明晰贫困治理的目的

绝非只是经济学层面上的物质生活的改善与可支配收入的提升，而是要更加关注贫困人口生活能力的培育，生活环境的改善，生活质量的提升与整体幸福指数的改善。只有不断加强社会组织参与农村贫困治理的考评，才能更好地提升救助效率，保证贫困治理的延续性。

三、案例分析

宣明会作为重要的行动力量参与到贫困乡村的贫困治理与公共服务过程之中，有着重要的理论与实践价值。首先，宣明会重视多元主体间平等合作伙伴关系的建立，包括县政府、项目办工作人员、社区群众及捐助者等贫困治理项目的参与者，均为平等的合作伙伴关系，大家互相理解，共同参与，共同发展，这是贫困治理得以有效和持续的关键。其次，宣明会注重提供专业性的公共服务。相对于政府而言，社会组织的治理优势在于其可以更好地深入基层，扎根基层，在贫困社区之中构建一种长期性的沟通合作关系，并通过资源注入、主动示范与技能指导等方式，为贫困村民提供更加灵活和专业的社区服务。最后，宣明会注重社区民众主动参与及发展能力提升，并寻求适合当地的发展模式，尊重当地文化传统，鼓励当地群众积极参与项目的设计、执行、监督和评估，使项目能真正切合当地社区环境及回应贫困群体的需要，逐步完善发展项目管理体系，加强社区组织与地方协助机构的建立，不断推动社区发展组织的成长与壮大，建设社区能力，确保贫困治理的持续性。

宣明会这种参与式的贫困治理方式可以使得社区的发展过程更适应当地实际情况，提升贫困村民的实践能力，建立贫困村民的社会资本，让更多的贫困群体融入项目之中，改变贫困社区内的权力关系，赋予弱势群体声音，倡导社会公平、公正的意识。在《穷人主体建构与社区性制度创新》一文中，沈红引入了哈贝马斯"生活世界的殖民化"概念，她认为贫困乡村是通过相互直观性组织起来的，包括面对面的家庭、群体和公共话语空间，这些构成了生活世界的要素，而扶贫计划本身使得金钱、权力等中介系统世界介入社区的生活世界中来。因此，可以在特定的扶贫过程中探讨制度化的扶贫方式对当地社区文化同一性的影响和意义，利用参与式网络式的交往行动，帮助穷人构建自己的生活世界和社区公共领域。①宣明会正是意识到了帮助贫困群体构建自己的生活世界和社区公共领域的重要性，才会非常重视以"赋权"为核心的参与式发展理念的应用，赋予贫困群体利益表达和实现自身利益诉求的行动权利，使贫困群体获得应有的生存、发展机会和社会资源。

当然，我们也要看到上述贫困治理活动的不足，一是政府和宣明会的合作期限问题，宣明会与政府的合作终究是以契约为基础的，一旦达到了约定的服务时间，如何延续这种合作关系是一个现实性的问题。同时，宣明会也有自身的退出机制，一旦退出之后，如何建立相应的过渡机制，将成为制约贫困社区持续发展的主要诱因。二是宣明会自身的贫困治理资源依然有限，加之其对不同贫困社区发展主体性与特殊性的关注，使得其救助范围较为有限，主要集中在某一个或者几个贫困社区之中。这虽然可以使得宣明会的贫困治理效能实现最大化，但是无法拓展其贫困治理方式的受益面。三是从宏观的制度层面考虑，社会组织和政府的合作关系依然缺少较为稳定的政策支持，贫困社区村民的自我参与式发展又缺少足够的人才加以维系，这都将成为制约宣明会未来贫困治理活动的主要因素。

---

① 沈红：《穷人主体建构与社区性制度创新》，《社会学研究》2002 年第 1 期。

四、思考与启发

社会组织参与农村贫困治理的研究，是对以往中国贫困治理模式的一种反思，它可以让我们重新构建一种新型的贫困治理机制。这种新型的贫困治理机制包括贫困治理理念的更新、贫困治理主体的多元互动和贫困治理方式的内生性发展三个方面。从贫困治理理念上来看，经济改善是贫困治理的目标，但绝不是衡量贫困社区进步的唯一指标。贫困社区健康发展价值观的培育，贫困社区民众发展能力的培养，对社会资源的决策和使用权的赋予，这些内在的发展问题更值得关注。现代贫困治理目标的实现，归根结底是要改变贫困群体封闭落后的思想观念，提升贫困群体的发展能力，创造适应现代性发展要求的制度体系和观念体系，实现社区的整体发展进步。同时，要在满足整体性原则的前提下，考虑不同贫困群体的特殊性，正确引导贫困者的需求，最大限度地确保贫困者需求和市场需求保持一致，维系贫困治理区域的整体性和系统性。

从贫困治理主体来说，现代治理和善治的本质内涵之一，就是要实现治理结构的多元化，促进各个治理主体间的积极参与和平等合作。治理理论强调普通民众的参与，主张多层次和多中心的治理结构的建立，呼吁治理主体的多元化。在农村贫困治理领域中，同样需要构建这样的多元合作互动的治理网络。贫困地域的差异性和社区的异质性，决定了贫困群体对公共物品的需求具有多样性和复杂性的特点。而贫困群体情况的复杂性及需求多样性，决定了社会支持和救助不可能由单一主体完成，必须形成多主体合作的治理结构。所以，在农村贫困治理领域之中，需要包括社会组织在内的各个行动主体的协调合作，才能降低贫困治理的复杂性，减轻政府的财政负担，弥补政府在贫困治理方面的不足，提升贫困治理效能。

从贫困治理方式上来说，新型的贫困治理机制尤其重视贫困治理项目的透明化和法治化，重视贫困人口在减贫项目中的主动参与和全程决策。在贫困户的选择，贫困治理项目的设计与实施，项目监测与评估等实际操作过程中，强调通过自组织网络的搭建等方式，赋予贫困群体自主发展的权利，挖掘贫困群体本土的发展智慧和发展能力，实现贫困社区的内源式发展。同时，包括社会组织在内的任何一个行动主体，都要嵌入贫困社区特定的社会结构和生态文化结构之中。一个贫困治理项目设计得再合理，倘若不能成功地嵌入贫困社区的社会结构之中，就不可能带来贫困治理效能的提升。

新型的贫困治理秩序，就是要打破仅仅依靠政府单一行动主体的格局，充分利用政府机制、社会机制和市场机制，吸纳一切可用的社会资源投入减贫领域，把自上而下和自下而上两种治理方式有机结合起来，在各治理主体之间搭建平衡协商的桥梁，完善贫困治理资源传递机制，贫困治理项目决策机制和监督机制，最终唤醒贫困群体的主动发展意识，让其自然而有力地生存，使贫困群体从关于"自我—他人""此在—彼在"的认识和重建之中，获得一种互为主体的更为宽广的发展视野，实现贫困地区的经济发展、文化传承与社会整合。[1]

---

[1] 黄承伟、苏海、向德平：《沟通理性与贫困农村参与式扶贫的完善路径》，《中共福建省委党校学报》2015 年第 3 期。

案例三　绿色流域参与农村
贫困治理的案例
——以滇西北波多罗村为例

一、引言

生态脆弱区也称为生态交错区，指的是两种不同类型生态系统交界过渡的区域。生态系统结构稳定性差、环境异质性高、自然灾害频发、系统自我修复能力弱、恢复时间长等是生态脆弱区的基本特征。人口与资源环境矛盾突出、自然灾害等因素下，中国贫困地区分布与脆弱生态环境区分布存在一种地理空间意义上的耦合性。[①] 贫困和人口增长导致生态环境趋向脆弱，而后者既是贫困的产物又进一步加剧了贫困，即"PPE 怪圈"。[②]

一般而言，对脆弱生态区的农村贫困治理主要有两种减贫策略选择。一种扶贫策略选择是实施生态移民（亦称易地扶贫搬迁）。通过将贫困人口迁移出生态脆弱区来解决贫困人口发展与资源环境的矛盾，

---

① 佟玉权、龙花楼：《脆弱生态环境耦合下的贫困地区可持续发展研究》，《中国人口·资源与环境》2003 年第 2 期。
② "PPE 怪圈"指贫困（Poverty）、人口（Population）和环境（Environment）之间形成的一种恶性循环。见 Grant J. P. *The State of the World's Children*, New York: UNICEF/ Oxford University Press,1994, 65–68。

实现人口与环境双向可持续发展。另一种扶贫策略选择是就地生态扶贫，即在有效保护当地自然环境的前提下，通过开发当地生态资源、促进贫困人口生计多样化等方式推动贫困人口和环境相向可持续发展。仔细分析不难发现，以上两种减贫策略所依赖的发展动力存在较大差异。生态移民过程中，移民的生计与可持续发展依赖于安置地较好生计资源状况（如土地、水资源、交通道路、市场等）以及移民能否实现社会融入（主要是融入安置地经济发展结构）。移民在安置地的生计资源获得和生计方式转变，都依赖政府、企业、社会组织等外部力量的持续性干预、扶持才得以实现。因而，生态移民策略属于外源式发展动力范畴。对生态脆弱区的就地生态扶贫是在保护生态环境的同时通过资源开发和提升农户生计资本来实现减贫与可持续发展。尽管在资源开发和生计资本提升上离不开外部力量的支持，但是减贫与发展成果的获得主要依赖并契合于当地自然生态系统和文化系统，即内部力量主导。因而，脆弱区就地生态扶贫属于内源式发展动力范畴。

进入 21 世纪以来，随着中国经济实力增强、财政能力大幅提高，以及城镇化进程加快，生态移民发展呈现出与新型城镇化、农业现代化、生态建设相结合的新趋势。生态移民日益获得政府部门的青睐，移民安置的社会适应和认同引发的诸多问题受到学界和社会的广泛关注。与此同时，以生态扶贫为主题、以内源发展为动力的就地生态扶贫在中国的一些生态脆弱贫困地区村社也获得积极探索。

另外，从中国农村社区减贫与发展历程来看，政府作为反贫困的主导性力量，以自上而下、技术现代化理念作为主要特征，对农村社区实施贫困干预和治理，并在推动农村社区减贫上取得重要成就。政府机构扶贫有其自身优势，但也存在不足。而以社会组织为代表的社会性力量以建构"社会理想图景"为基本发展理念，强调以参与式和赋权推动自下而上的发展干预。[①]社会组织具有志愿性、灵活性等特征，在参与农村贫困治理中体现出富有专业精神和实践经验、机动灵活并善于创新等行动特点。因而，相较于其他贫困干预力量，社会组织参与农村贫困治理有利于推动社区能力建设，降低甚至消除农村贫困干预过程中呈现出的村民参与"表象化"。因而，社会组织等社会性力量在生态脆弱区的农村贫困社区内源发展中具有重要的作用。本案例中的波多罗村实现内源发展就依赖于社会组织（社会性力量）参与和能力建设。

二、波多罗的发展困境

玉龙县属于云南省级民族贫困县和连片特困地区片区县。县域境内山势峻拔，峡谷纵横；生态资源丰富，但环境脆弱性高；滑坡、泥石流、低温冷冻害、干旱、洪涝、大风、冰雹等自然灾害频发；农村交通条件落后，基础设施薄弱；人畜饮水、农田水利设施陈旧老化，农业发展水平低；农村文教卫生条件差，教学设施简陋，医疗卫生事业弱化；农民自我发展能力弱，信息渠道狭窄，接受新知识、新技术的能力差。

波多罗村是一个家族村落，居住在这里的都是刘曼达的后代。刘家的祖先是在 20 世纪 30 年代由于家族斗争失利后刘曼达带着 4 个儿子从四川小凉山搬迁到此地，属于彝族诺苏支系。当时此地属于纳西族人的领地，山主允许刘家借留居住，但刘家要担起保路（茶马古道）护山的责任。

---

① 朱晓阳、谭颖：《对中国"发展"和"发展干预"研究的反思》，《社会学研究》2010 年第 4 期。

改革开放后，家庭联产承包责任制改革极大地调动了波多罗村村民的生产积极性。勉强吃饱肚子的村民开始盖新房。树木砍伐逐渐增多，甚至达到了乱砍滥伐的程度。对森林的过度砍伐，严重破坏了当地的生态系统，增加了灾害发生的风险。1998 年以后，中国对治水和生态建设方略进行重大调整，先后启动了天然林保护、退耕还林、京津风沙源治理等林业重点生态工程。波多罗村经历了大规模商业化伐木后在这一时期也转入了天然林实施禁伐新时期。然而，乱砍滥伐造成生态破坏带来的负面影响在村民生计之中日益显现。首先是生态环境破坏后自然灾害增加，农民生计资本受到冲击，生计发展困难增多。

其次，对伐木生计过于依赖造成的生计来源单一化，农民生计脆弱性显著增加。商业性伐木扩散并席卷波多罗村后，村民生计逐渐形成单一来源的伐木生计。山上的森林成了村民日常生活开支货币化的主要甚至是唯一的支付来源。家家户户几乎都靠伐木维持家庭开支。全面禁伐后，农民生计来源出现断裂。种养业恢复发展不仅受自然条件方面的负面影响（如自然灾害多），农户生计资本锐减和单一化也使其生计转型面临市场、种苗、技能等多方面的挑战。

老村主任说，禁伐头两年，家家都靠借钱借粮过日子，找纳西族借，找信用社借，第二年挖了洋芋再还给人家。一年的收成只够吃四五个月，所有的孩子都辍学在家。村民刘正伟说，那时候很苦。女儿还小，天天哭着要吃米饭，让人心焦得睡不着，但家里一颗米都没有。第二天，他下到江边找纳西族老乡借了 10 斤米，到秋天收洋芋后再还人家。①

---

① 云南省大众流域管理研究及推广中心（绿色流域）：《波多罗：大山深处的发展故事》。

三、绿色流域对波多罗的贫困干预

（一）绿色流域及其贫困干预理念

绿色流域全称云南省大众流域研究及推广中心，成立于 2002 年 8 月，是在云南省民政厅注册的省级科技类民办非企业单位。

机构目标：将绿色流域发展成为生态环境保护领域领先的，集实践、研究和倡导于一体的社会组织，并发挥它促进中国流域善治的最大潜力。

机构使命：推动政府、市场和社会三部门利益相关方共同参与流域治理，使流域保护和开发更具可持续性。增强和发挥民间参与和问责能力，使流域开发决策和实施更趋参与、透明和诚信。促进对环境和社会负责任的经济，即绿色的、人民参与和分享的经济。

工作领域包括：（1）流域政策倡导。研究和倡导参与式流域管理政策和方法，使其成为政府、企业、社会组织有关流域开发与保护的基本政策和策略。（2）基础实践。探索、发展和示范推广参与式流域管理，支持、协助基层社区流域可持续利用和保护项目，推广社区适用的水资源管理技术，培训和增强社区参与流域管理能力，通过流域善治，共享流域生态利益。（3）社会网络建设。形成政府、学术界、企业和社会组织之间生态和可持续发展的社会网络，维持信息、经验的交流及争取公民社会话语权。（4）联合国内 NGO。倡导和监督银行业建立和执行绿色信贷政策和措施，控制"两高"类贷款，增加环保类贷款，在流域开发中更好地承担银行环境和社会责任。（5）倡导"社会影响评价"。使其逐步成为大型工程、计划和政策的必要评价程序和公众问责的重要方法。

（二）绿色流域在波多罗的发展项目

21世纪初，绿色流域在拉市海流域治理中，开始实施波多罗村庄的贫困干预。其在波多罗的项目目标是创建海拔3000米以上流域水源林区的彝族社区可持续发展的模式，为社区居民生活探索可持续发展之路。概括来看，绿色流域对项目内容可概括为生计与可持续发展，包括保护生态资源、修建山区公路、帮助孩子上学、妇女能力建设、在生态保护基础上发展新的生计等内容。

1. 保护生态资源

2000年，绿色流域对波多罗村村民进行参与式流域资源保护规划，提升村民生态保护意识。成立了波多罗村护林队，制定生态保护村规民约和护林员工作规范等。每年端午节，波多罗村村民对护林员进行工作评选，并由每户村民拿出10元钱作为护林员酬劳。

2. 修建山区公路

波多罗村一直不通公路，村民需要的物资只能靠肩背马驮。不仅运输成本高，而且运输过程中损失大。例如，村民从山下的集市买建房用的瓦片，由于运输工具原始，路途颠簸，瓦片在运到家后破碎程度较高。通过比算，在山下集市瓦片0.4元/片，到了家里因破碎而能用的瓦片数量减少，算下来瓦片变成了1.5元/片。2001—2002年，绿色流域和拉市乡乡政府共筹资10万元，村民投工投劳修建了连接拉市海坝区和波多罗村落的21公里的山区公路（土石路面）。方便了村民同外界的物资交换、沟通联系，也降低了物资的运输成本。

3. 妇女能力建设

通过农村参与式评估，绿色流域工作人员发现受传统观念的影响，村里的妇女和男性都缺乏两性平等的意识，妇女社会地位低。究其原因是彝族妇女普遍接受教育很少，大多数妇女不懂汉语，很难与外界进行有效交流。而男性接受教育程度相对较高，便于支配家里经济收入，把握家庭决策权。从2000年开始，绿色流域通过流域小组开展了提升妇女社会地位的项目帮助妇女实现发展，如成立妇女夜校、发展妇女小额信贷、妇女免费身体检查、开展社会性别意识培训等。

4. 建立社区生态旅游合作社

波多罗森林资源保存完整，植物资源丰富，环境优美，具有发展生态旅游的基础。波多罗有1200多种植物种类。三面环山，地势险峻。据当地人称有三十三峰七十二洞，可登山探险。山顶有杜鹃、高山草地，适合徒步旅游。另外，彝族民风淳朴，民族文化丰富。这些条件都为波多罗实施生态旅游奠定了基础。目前，绿色流域协助波多罗在村中建设了一个彝族文化展示中心，对一些基础设施进行改造，以方便接待游客，协助村民成立波多罗生态旅游专业合作社，同时对波多罗生态旅游进行宣传与推广。

5. 引进优良种羊，发展养殖业

养殖业是波多罗村村民经济收入的重要来源。然而，由于缺少养殖技术，加上地理位置偏远，波多罗的养殖业仍比较落后。羊种没有得到更新，品质不断退化。绿色流域筹资协助流域小组（在绿色流域倡议下建立的波多罗社区性组织）向丽江市玉龙县畜牧局询价购买两只种羊，用于村民改良羊品种，并且为村民提供饲料籽种，解决冬季饲草不足的问题。

6. 种植脱毒土豆

土豆是波多罗村村民的主要粮食。村民原来的土地种苗种植中，土地容易染病且退化严重，产量低。绿色流域筹资给每户农户发放了第一代脱毒土豆种 200 斤。

7. 种植高山经济作物

波多罗的气候环境比较适合种植高山药材。利用当地条件种植药材，可成为村民发展致富的一条途径。2008 年，绿色流域带领村民到玉龙县生物创新办和丽江市高山作物研究所访问，了解各种药材种植技术，并协助波多罗流域管理小组寻找合适当地的药材品种，实验种植黄芩、续断、云木香等，并请技术员对村民进行药材种植技术指导和培训。

四、波多罗内源性发展分析

（一）外部支持与农户生计资本扩展

一般认为，"生计是谋生的方式，该谋生方式建立在能力（capability）、资产（assets）（包括储备物、资源、要求权和获得权）和活动（activities）基础之上"。[①] 在生计概念的各组成部分中，资产即是生计分析的核心。生计资源分为对不同生产模式起到基础性作用的、并构成生计的 4 类资本，即自然资本、经济资本／金融资本、人力资本和社会资本。自然资本指有利于生计发展的自然资源流（如土地、水、空气等）和各类环境服务（如水循环、环境净化等）；经济资本／金融资本指服务于各类生计发展策略的不可或缺的资本，如现金、存款、贷款，以及基础设施、生产设备、技术等其他经济资产；人力资本指实现各类生计策略中的技能、知识以及劳动能力和健康状况；社会资本指为实现不同生计策略的社会资源，包括个人或家庭的社会网

[①] Chambers, R., and Conway, G. R. *Sustainable Rural Livelihood: Practical Concepts for the 21st Century*. IDS Discussion Paper 296, 1992, p. 6.

络、社会权利以及个人参与的社会协会等。① 生计资源、可行能力与生计结果之间呈现出正相关关系，生计资源匮乏、可行能力低，生计结果呈现出贫困特征，反之则呈现丰裕特征。② 因而，从生计贫困的角度看，基础设施建设、基本公共服务供给等有利于扩展农民生计资源和提升农民可行能力，以获得呈现减贫与发展效应的生计结果。

贫困人口自我发展能力不足，其生计资本的较快扩展和可行能力快速提升需要外部力量的支持。外部扶持是贫困地区和贫困人口内源发展的重要组成部分。内源发展中的外部扶持与外源式发展区别在于外部扶持的有限性而非主导性。从绿色流域在波多罗的发展项目来看，波多罗内源发展从 2000 年开始，外部力量以参与式发展方式引导村民成立资源保护小组，并陆续开展了资源保护培训、引进优良洋芋品种、发动群众修建简易公路、小额信贷、举办妇女夜校、修建太阳能发电设施等多项活动。与村民生计息息相关的自然资本（如森林资源）、物质资本（如通村公路的修建、备灾预警设备、牦牛、绵羊、中草药）、金融资本（如小额信贷）、人力资本（如希望工程、妇女夜校、新品种的种养技术等）和社会资本（与外部经济联系增强）都得到了多方位扩展和较大提升。

（二）生计资本扩展与农户生计多样化

在改善贫困社区环境的基础上，农户逐渐发展出新的生计方式。生计资本多维扩展为农户生计从单一走向多元化奠定了基础。在启动

① Ian Scoones. *Sustainable Rural Livelihoods: A Framework for Analysis*. Institute of Development Studies Working Paper72, 1998.

② 向德平、陈艾：《联结生计方式与可行能力：连片特困地区减贫路径研究》，《江汉论坛》2013 年第 3 期。

内源式发展前，村民维持着单一化不可持续的伐木生计。上山砍伐成为农户教育、医疗、建房各方面货币支付主要来源后，村民的其他生计技能逐渐弱化甚至消失。单一化的砍伐生计模式中，妇女、老人等不参与砍伐，家庭劳动力没有得到充分利用和开发。内源式发展启动后，伐木生计消失后，伴随不断增加的生计资本，村民生计策略选择日益呈现多样化。多样化生计中，包括妇女、老人在内的家庭劳动力因不同劳作需求而参与劳动，家庭劳动力得到较为充分的开发。另外，多样化生计中对劳动时间、劳动力能力需求的差异性，也促成了家庭劳动分工和劳动力的优化配置，不仅农户剩余劳动时间大幅降低，而且优质劳动力转入更高经济价值领域。

在内源式发展启动以来，波多罗村村民生计资本提升，生计活动扩展为包括种土豆、油菜、花椒、中草药、养殖牲畜、生态旅游、外出务工（到旅游景区去牵马）的多元化生计。生计结构多元化使得村民的劳动时间增加、劳动强度增强，劳动力使用更为充分。

波多罗村村民生计在多样化的同时，生计结构也逐步朝经济价值高的方向优化和调整。这主要表现在：一是玛卡等中药材的种植业在农户劳动投入和收入结构中的比重日益提高。近年来，玛卡、续断、黄芩等中药材市场价格上升，而波多罗村地理环境正好契合了这类中药材的生长要求（如玛卡，又称为印第安人参，原产于海拔 3500—4500 米的南美安第斯山区，而波多罗的海拔和气候与玛卡原产地相近，十分适合种植）。村民逐渐将优质生计资源（土地、劳动力等）投入中草药种植，并获得了较高的经济回报。二是随着丽江旅游资源深度开发和游客日益增多，波多罗农民通过参与拉市海流域旅游（如为游客牵马）和波多罗生态旅游开发（波多罗生态旅游合作社），获得较高的经济收益。

（三）生态资源开发与文化传承

相对于种植中草药、花椒等以替代砍伐生计来保护生态环境，发展生态旅游产业属于开发性保护生态环境的生计策略。波多罗贫困区具有较为完整的原始森林，生物多样性丰富，且是滇藏茶马古道线路之一，民族文化底蕴浓厚（火把节等）。在与外部的交通道路打通后，2011 年波多罗开始依托丽江旅游市场，探索与民族文化相结合的社区生态旅游资源开发。

波多罗社区的生态文化乡村旅游内容包括彝族接待仪式、彝族歌舞表演、徒步观光游、彝族生产生活体验、登山、住宿、餐饮、骑马等内容。其生态旅游与文化资源开发过程主要体现在以下几个方面：在旅游景点方面，请绿色流域西南林学院相关专家进行波多罗生态旅游调查，制定生态旅游实施规划；在硬件设施方面，出资提供购买原材料资金，村民投工投劳自建彝族文化展示中心。另外，绿色流域也与政府合作改善卫生设施，修建太阳能浴室。组建生态旅游马队，开展食品安全、烹饪技术培训；在旅游宣传上，制作生态旅游宣传博客、生态旅游宣传手册，发放到丽江古城客栈；在旅游管理上，注册成立生态旅游专业合作社，合作社坚持成员入社自愿，退社自由，地位平等，民主管理，实行自主经营，自负盈亏，利益共享、风险共担的原则。

在丽江较为成熟的旅游运作机制下，波多罗乡村生态文化旅游从无到有经历了摔打磨炼。其中较为艰难的是实现村庄旅游服务与丽江旅游市场的对接。而在二者的对接过程中，社区旅游合作社的骨干起到了重要作用，推动了波多罗生态文化旅游与丽江市旅行社、客栈的对接合作。波多罗生态文化旅游实行全村参与和管理，收益共享，财务公开，机会公平。住宿是每家每户轮流接待，用餐统一安排在当时妇女夜校修建的房舍内，农户组成小组由各组轮流做饭。收入由合作社统一管理，除去成本和公共资金，剩余收入在全村分红。

另外，波多罗生态旅游资源开发也带动了社区彝族传统文化的恢复与发掘。村庄建立起彝族文化展示中心，村民积极收集彝族文化资料，挖掘波多罗故事，整理传统食谱（如彝家坨坨肉、苦荞粑粑、生态老腊肉等彝族特色食品），恢复了"火把节"期间的点火把、送火把等传统活动。

五、思考与启示

当前，中国正在以连片特困地区为主战场实施新一轮的扶贫攻坚工程。受自然、历史、地理等综合影响，连片特困地区农村自然条件差、生态环境脆弱、经济发展落后，致贫因素复杂。连片特困地区农村社区发展和扶贫对象脱贫致富处于物质（自然条件差、基础设施薄弱、生态脆弱等）、人力（文化素质低）、社会资本（与外部联系交流的网络资源匮乏）贫困叠加、负向影响的困境之中，内源发展难以启动。这就需要在实施这些贫困社区和贫困人口的减贫工作中，既要加强基础设施建设，更要以精细化的社区能力建设不断增强扶贫对象与外部交流的意识和能力。

社会组织在农村贫困社区治理中具有专注性和持续性特点。这些组织相关人员能够以其个性化（而非官僚化）的互动模式在农村贫困治理中较好地做到与社区、村民进行长期、细致、耐心的沟通与交流，以此能比较全面地掌握社区、扶贫对象的状况（如贫困状况、发展优势、发展劣势、社区结构情况、文化特点等）。因而也更适合实施能力建设，有利于推动社区内源性发展，形成内源性扶贫模式。

　　特困地区的农村社区处于物质、人力、社会资本多重叠加的困境中，农村特困社区和人口实现内源发展需要在人力资本、社会资本、物质资本等方面全面推进。社会组织具有推动贫困社区人力资本、社会资本提升的优势，但对贫困社区的物质维度减贫方面仍需与政府等其他力量的合作共同推进。外部力量的合作与内源优化整合，方能形成贫困干预强大力量，实现贫困社区持续性内源减贫。

后 记
POSTSCRIPT

　　贫困治理是一项复杂的系统性工程，其不仅需要国家和政府的主导和投入，还涉及市场组织、民间社会组织以及公民个人等多元主体的协同参与。20世纪90年代，治理理论的出现宣示了政府管理范式和市场竞争范式在多元化社会问题治理方面出现的"政府失灵"和"市场失灵"。因应时代变化需求以及治理理论的发展，以非营利组织和非政府组织为代表的社会组织以其非营利性、非政府性、专业性、志愿性成为应对"政府失灵"和"市场失灵"的有效工具和治理手段，这也证明了社会组织参与贫困治理在理论上的可能性。因此，在国内外有关贫困治理的理论和实践当中，社会组织都被视为重要的参与主体和参与力量。

　　回顾中国扶贫开发的历程，一条重要经验就是要广泛动员、凝聚合力，构建政府、市场、社会广泛参与、协同发力的大扶贫格局，由此成为中国特色扶贫开发理论的重要组成部分。事实上，中国自20世纪80年代正式启动有组织、有计划、大规模的扶贫开发以来，社会组织参与贫困治理就被作为社会扶贫的重要形式，并为中国减贫事业发展做出了重要贡献。特别是社会组织在对象瞄准、资源传递、贫困人口参与、社区综合发展等方面具有的显著优势和经验创新，进一步丰富了中国特色扶贫开发道路的理念和模式。但同时，社会组织在减贫战略体系中的边缘性地位及其导致的政策缺位和机制不健全，也影响到社会组织这一主体参与农村贫困治理的过程和效果。

党的十八大以来，以习近平同志为核心的党中央把贫困人口脱贫作为全面建成小康社会的底线任务和标志性指标，作出一系列重大部署，以前所未有的力度推进脱贫攻坚。经过全党全社会共同努力，中国新时代脱贫攻坚取得决定性进展。在此过程中，习近平总书记多次就推进定点扶贫、东西扶贫协作、社会扶贫，凝聚各方力量构建大扶贫工作格局等方面作出重要指示批示，构成了习近平总书记关于扶贫工作重要论述的重要组成部分，为推动包括社会组织参与的社会扶贫提供了指南和遵循。基于此，在新时期推动打赢脱贫攻坚战过程中，从理论基础、实践历程、制度环境、运行机制、互动关系等方面探索社会组织参与中国农村贫困治理的行动和实践，进而提出促进社会组织参与农村贫困治理的对策建议具有重要的理论和实践意义。

本课题立项之时，正是基于中国全面建成小康社会，加快贫困地区发展、解决贫困人口脱贫问题的关键时期。在习近平总书记关于扶贫工作的重要论述指引下，中共中央做出了整合各方资源实施综合性精准扶贫、构建大扶贫格局的决策部署。而作为社会扶贫主要支柱的社会组织扶贫，虽有多年的经验积累，但其实际影响力、贡献、扶贫模式等仍有很大的提高空间。在此背景下，加强社会组织参与贫困治理的研究，对于完善中国社会扶贫模式，发挥社会组织在减贫工作中的作用，加快贫困地区发展不仅重要而且紧迫。自项目立项以来，课题组在文献综述等基础性研究的基础上，明确了研究的背景和意义，提出研究的核心目标和主要观点，制订了研究的具体实施方案，组成项目执行团队。2014 年 6 月—2015 年 12 月期间，课题组成员向家宇、覃志敏、苏海、郑颖清、周晶、刘欣等先后多次赴山西、云南、四川等地进行专题实地调研，与各省扶贫、民政等部门开展座谈及个案访谈，收集各省社会组织的发展数量和质量情况，了解各地政府与社会组织的合作方式、合作困境及政府态度等，收集了较为翔实和丰富的研究资料，并在此基础上进行学理上的深度分析，为下一步调研工作及报告撰写工作奠定了基础。2016 年初，在前期基础研究和实地研究基础上，课题组成员分工合作，完成了项目报告初稿，并在 1 月 28—29 日，组织召开了第一次课题报告的初稿讨论会，邀请北京大学、北京师范大学等多位教授，与课题组报告撰写成员一起进行了课题报告初稿的讨论，对于报告初稿存在问题予以指出和修正，为继续调整和完善课题报告奠定了基础。2016 年下半年以来，在北京、湖北、贵州等地进行补充调研的基础上，课题组进一步进行了报告的修改和完善，形成了报告终稿。在此期间，课题组成员结合调研成果，撰写并发表了多篇研究论文；为 2014 年 10 月 16 日召开的首届 10·17 论坛背景报告之"社会扶贫系列研究（摘要）"提供了"中国社会组织参与扶贫研究"的部分内容；2016 年 5 月 27—28 日，课题组在贵阳召开了

"精准扶贫方略下社会组织参与农村贫困治理"（青年）研讨会。在为期一个多月的征稿中甄选出 20 多篇优秀青年研究者的论文，并邀请论文作者进行了论文交流，就精准扶贫视域下的社会组织参与农村贫困治理问题进行了深入讨论。2017 年、2018 年，课题组根据脱贫攻坚制度政策体系对社会组织参与脱贫攻坚提出的新部署新要求，又对研究报告进行了更新和完善，2018 年 10 月完成课题研究终稿。国务院扶贫开发领导小组副组长、扶贫办主任刘永富同志审阅了研究报告，并对基于课题研究形成的政策建议报告做出批示，充分肯定了本项目的研究成果。

　　总的来看，本课题聚焦中国农村的贫困问题，采用社会治理的中观视角以及定性为主的研究方法，旨在认识和把握社会组织参与贫困治理的学理依据，寻求社会组织参与贫困治理的角色定位及可行路径，有助于各方深化对社会组织参与贫困治理的理性认识，从而形成富有解释力和指导性的研究成果。特别是在中国全面建成小康社会、推进脱贫攻坚的关键时期，探索社会组织如何介入农村贫困治理的进程、需要具备何种条件、利用何种路径实现贫困人口减贫脱贫，对于完善中国社会扶贫体系及模式，发挥社会组织在农村贫困治理中的作用，以及加快贫困地区减贫发展具有重要的现实意义。当然，由于当前学术界对于社会组织的界定和划分标准不一，加之社会组织参与农村贫困治理过程和内容的复杂性，本课题仅仅从一定的角度进行划分和梳理比较，尚不能囊括社会组织参与农村贫困治理的所有类型，因此在普遍性的概括和提升方面有待进一步研究。而精准扶贫理念的提出，也为社会组织参与农村贫困治理提供新的理论视域和研究契机，这也是本课题尚需深入研究的问题。

最后衷心感谢课题研究过程中给予大量支持帮助的有关地方扶贫部门、各社会组织、基层干部、村民及相关人员，感谢参与初稿审稿专家们的辛苦付出！

课题组

2018 年 10 月